KB042686

정신건강의학 전문의
가바사와 시온 지음
서희경 옮김

감정
리셋

**부정적 감정의 파도에 휩쓸리지 않고,
주도적 인생 스토리를 그리는 기술!**

정신건강의학과 전문의가 알려 주는
'성장 마인드 만들기'

마음의 고통과 힘듦을 내려놓고,
밝고 풍요로운 일상을 누리는
확실한 방법을 알려드리고 싶습니다

제 직업은 정신건강의학과 전문의입니다. 대학병원, 종합병원, 정신과 전문병원, 정신건강 클리닉 등에서 많은 환자를 진료해 왔습니다. 연간 100여 명의 환자를 최선을 다해 치료하지만, 한 명이 퇴원하면 또 다른 한 명이 입원합니다. 외래 진료실에도 매일 새로운 환자들이 찾아옵니다.

일본에서는 3년 연속, 연간 3만 명 이상이 자살로 생을 마감하고 있습니다. 자력으로 막을 수 있는 자살은 극소수에 불과합니다.

이러한 상황에 무력감을 느낀 저는 2004년, 미국 시카고에 있는 일리노이대학교로 유학을 떠났습니다. 우울증과 자살에 관한 연구로 세계적인 인정을 받는 곳이었기 때문입니다. 그리고 자살 피해자의 뇌에서 증가하고 있다는 뇌 속 물질과 단백질을 생화학적으로 조사하는 연구를 수행했습니다.

오랜 시간 준비한 유학이었지만 그곳에서도 아쉬움이 컸습니다. 운 좋게 자살과 직결되는 물질이 발견되었다 해도, 효과가 규명되고 자살을 예방하는 약물로 실용화되기까지는 5~10년이라는 긴 시간이 걸립니다.

매일 시험관을 마주하며, 당장 고통받는 환자들을 구하는 데, 이 연구가 얼마나 기여하고 있을지를 생각하면 헛수고가 아닐까 싶은 회의감마저 들었습니다.

그래서 일과를 마치고 쉬는 시간이나 휴일에는 숨을 돌리는 차원에서 〈시카고발 영화의 정신의학〉이라는 메일 매거진을 발간했습니다. 평소 영화 감상을 좋아했던 저는 영화를 소재로 정신의학과 심리학을 소개하면 좋을 것 같다는 가벼운 마음으로 시작했습니다.

해외에서 발신하고 있다는 메리트에 더해 당시에는 메일 매거진이 인기가 있어서 독자 수가 4만 명을 넘어섰습니다. "그래, 바로 이거야!"라는 생각이 들었습니다. '정보'는 예방으로 이어지는 실로 좋은 방법이었습니다.

우울증과 정신질환 환자를 치료하는 것이 정신건강의학과 전문의에게 요구되는 역할이지만, 저의 사명은 '정보를 통해 마음의 병에 걸리는 사람을 줄이는 것'이라고 생각합니다.

질병을 모르면, 자신이 병에 걸리기 쉬운 행동을 하고 있는지 인지하지 못합니다. 또한, 자신이 병에 걸렸다는 사실을 깨닫지 못해서 병원을 찾는 것도 늦어집니다. 어느 정도의 지식만 있으면 신체적, 정신적 질병을 모두 예방할 수 있습니다. 만약, 병에 걸렸다 해도 바로 진찰을 받으면 더 심해지기 전에 치료할 수 있습니다. 당시에는 '우울증'과 '정신질환'에 대한 정보와 지식이 압도적으로 부족했습니다.

'우울증과 정신질환을 예방할 수 있는 정신의학, 심리학,

뇌과학 지식을 알기 쉽게 전파하자!'

이렇게 결심하고 메일 매거진을 시작으로 트위터, 페이스북 등의 SNS로 활동을 넓혀 갔습니다. 현재는 누계 800,000명 이상의 구독자에게 정신의학, 심리학, 신경과학 관련 지식을 알기 쉽게 전달하고 있습니다.

2014년부터는 유튜브 채널을 개설하여 스트레스 해소, 정신질환 예방 및 치료에 도움이 되는 정보 콘텐츠를 매일 업로드 하는 크리에이터로도 활동하고 있습니다(23년 7월 기준 구독자 46.4만 명).

수천 건의 고민 상담을 해 오면서 세상의 모든 고민에는 '공통점'이 있다는 흥미로운 사실을 발견했습니다. 세상 고민의 대부분은 '부정적인 감정'이 원인이라는 점입니다.

• 괴롭고 슬픈 일을 떠올리며 '후회'한다.
• 공부나 일에서 성과가 나지 않아 '초조'하다.

- 불편한 인간관계 때문에 '짜증' 난다.
- 불확실한 미래가 '불안'하다.

   이러한 '부정적인 감정'을 제거하고, 잊고, 통제하고 싶은 욕구에서 비롯된 고민이 대부분을 차지합니다. 많은 사람이 고민이 생기면 '고민의 원인'을 제거하려고 합니다. 하지만 그렇게는 문제를 해결하지 못합니다. 원인을 제거하기는 의외로 어렵기 때문입니다.

   마음의 병을 예방하기 위해서는 '스트레스'를 줄여야 합니다. 스트레스 발산이나 해소 방법을 알려주는 책도 많지만, 사실 자각할 정도로 스트레스가 쌓였다면, 스트레스 발산으로 해결하기에는 늦습니다. 스트레스는 자각하기 어렵습니다. '스트레스가 쌓였다'고 느낄 무렵에는 우울증의 초기 단계일 수 있습니다.

   일상과 학업, 업무에서 괴롭고, 힘들고, 고통스럽다고 느낄 때가 있습니다. 물론, 저도 그렇습니다. 아주 사소한 괴로움이 쌓이면 스트레스가 되고, 지속되면 우울증으로 이어집니다. 그리고 극단의 경우 자살을 생각하기에 이릅니다.

건강을 유지하고, 열심히 일하기 위해서는 매일의 '힘듦'을 제거해야 합니다. 그런데 그저 괴로움을 없애기만 하는 것이 아니라 '즐거움'으로 바꾼다면 얼마나 멋질까요?

괴로움을 즐거움으로 바꾸는 여러 연구 중에서 뇌과학적으로나 심리학적 근거가 확실하고, 누구나 실천할 수 있으며, 바로 효과를 실감할 수 있는 방법을 선별하여 정리한 것이 이 책입니다.

저는 영화 평론가로도 활동하고 있는데, 유명 영화에 나오는 장면을 소재로 정신의학적인 해석을 붙여보았습니다. 아무쪼록 즐겁게 읽어주시길 바랍니다.

가바사와 시온

시작하며

1장

감정 변화는 뇌 속 물질이 원인이다

― 괴로움과 즐거움의 근원을 이해한다

2장

괴로움을 즐거움으로 바꾸는 7가지 방법

— 부정적인 감정의 늪에서 벗어나 즐거운 마음으로 변화한다

3장

괴로움을 동기 부여로 전환하는 3가지 기술

― 무기력에 빠지지 않고 일상에서 의욕을 끌어올린다

4장

악의를 호의로 바꾸고, 인간관계를 개선하는 6가지 방법

— 주변에 좋은 사람들이 모이는 관계의 기술을 실천한다

5장

걱정을 지우고, 고통의 무게를 덜어내는 6가지 방법

— 일상과 인생을 주도하는 요령을 터득한다

6장

궁극의 고통 해소법

— 충실한 일상을 만드는 기본 생활 수칙을 지킨다

1장

~~~~~~~~~~~~~~~~~~~~~

감정 변화는
뇌 속 물질이
원인이다!

괴로움과 즐거움의 근원을 이해한다

내 감정인데 내 마음대로 통제가 안 돼서 힘들 때가 있습니다.
우리의 감정은 뇌에서 만들어집니다. 뇌 속 물질들의 일정한
변화와 작동 패턴 그리고 메커니즘을 이해하면 감정을 제어할
수 있습니다. 당장은 믿기 어렵겠지만, 괴로움을 즐거움으로
바꾸는 것도 가능합니다. 뇌 과학적 관점에서 감정을 리셋하는
방법을 알아봅시다.

리셋 1

괴로운 감정이
생기는 이유

⬤ **감정을 담당하는 뇌 속 물질**

'괴롭다'와 '즐겁다', 이 상반된 감정의 정체를 아시
나요?

'감정'이나 '기분'이 물질로 환원된다는 사실이 뇌
과학 연구에 의해 밝혀졌습니다. 즉, 우리가 지금까지
'마음'의 변화라고 여겨왔던 것들이 실제로는 두뇌 물
질과 호르몬의 증감에 의한 현상이라고 해명된 것입

니다. 이에 따르면, '괴로움'이나 '즐거움' 같은 감정은 두뇌 물질과 호르몬의 변화에 지나지 않습니다. 힘든 상황에 놓이면, 불안감과 두려움에 압도당하고 기분도 가라앉습니다. 이는 생체적 스트레스 반응, 즉 조건 반사와 같습니다.

고통스러운 상태에 처하면, 3대 스트레스 호르몬인 '노르아드레날린noradrenaline', '아드레날린adrenaline', '코르티솔cortisol'이 분비됩니다. 이 물질들은 우리 몸과 마음에 부정적인 영향을 미칩니다.

'즐거움' 역시 두뇌 물질의 변화이며, 우리가 기쁘고, 즐거울 때는 '도파민dopamine', '엔도르핀endorphin', '세로토닌serotonin'이 분비됩니다.

'행복 물질'로 불리는 도파민은 목표를 달성하거나 꿈과 소망이 실현되었을 때, 분비되는 호르몬입니다. '해냈다!'는 성취감을 느끼면 도파민이 분비된 상태입니다. 즐거운 일이 일어날 것만 같아서 '흥분'되거나, 정말 좋아하는 사람을 떠올리면 가슴이 두근거리는 것 역시 도파민의 작용입니다.

'즐거움'에 빼놓을 수 없는 두뇌 물질이 '엔도르핀'입니다. '쾌락 물질'이라고도 불리는데, 도파민의 약 20배에 달하는 '행복감(강한 쾌락)'을 줍니다. 스포츠 경기에서 우승을 거머쥐고 기분이 고양되어 있을 때처럼 큰 목표를 달성했을 때 분비됩니다. 격렬한 운동을 할 때도 엔도르핀이 분비됩니다.

도파민과 엔도르핀이 가슴이 두근거리는 흥분이나 벅차오르는 기쁨과 행복감처럼 '뜨거운 즐거움'이라면, 세로토닌은 '쿨한 즐거움'과 관련이 있습니다.

세로토닌은 '치유 물질'로 불리며, 마사지를 받을 때 느끼는 '기분 좋음'과 '편안함', 대자연 속에서 느껴지는 '마음의 평화'처럼 우리가 소위 '힐링 된다'고 느낄 때 분비됩니다. 감동하여 눈물을 흘릴 때도 나옵니다. 또한, 좌선, 명상, 경전 읽기 등을 통해서도 세로토닌이 활성화합니다.

세로토닌은 고요하고 차분한 마음 상태와 관련 있습니다. 세로토닌 분비가 저하되면, 불안해지고 짜증이

나며 신경이 예민해집니다. 즉, '마음의 평화', '평안'과 상반된 상태에 빠지는 것이지요.

이처럼 다양한 두뇌 물질이 우리의 '감정'과 '기분'을 결정합니다. 이 사실을 아는 것이 '감정 리셋'의 첫걸음입니다.

뇌 속의 물질을 조종하는 감정 리셋 기술을 익히면 일과 인간관계 모두 순조롭게 풀립니다. 예를 들어, 동종 업계에 종사하는 사람이나 같은 직장에 다니는 동료들을 떠올려 봅시다.

나에게는 몹시 '괴로운' 업무를 어떤 사람은 즐겁게 해내고 있는 모습을 본 적이 있지 않나요? 같은 시간, 같은 일을 하고 있는데도, 상반된 태도로 나뉘는 이유는 뇌의 반응 차이 때문입니다.

일을 할 때, 뇌에서 '괴로움'을 담당하는 물질이 분비되는지, '즐거움'을 담당하는 물질이 분비되는지, 딱 그만큼의 차이일 뿐입니다.

'즐거움'을 담당하는 두뇌 물질을 방출하는 것은 어렵지 않습니다.

노르아드레날린(고통)
아드레날린(짜증)
코르티솔(스트레스)

괴로움을 담당한다.

RESET

도파민(행복)
엔도르핀(쾌락)
세로토닌(치유)

즐거움을 담당한다.

Point

감정은 뇌 속 물질로 결정된다.

접근 태도, 사고방식, 수용 방법, 목표 설정 등 머릿속 회로를 약간만 전환하면, 괴로움 방출 스위치가 꺼지고 즐거움 방출 스위치를 켤 수 있습니다. 우리의 감정은 리셋이 가능합니다.

'괴롭다'를 '즐겁다'로 바꿀 수 있어요.

이는 과학적으로 입증된 사실입니다. '괴롭다', '힘들다'는 것은 결국 두뇌 물질의 작용일 뿐입니다. 이를 조정함으로써 '괴로움'을 제거하고 '즐거움'으로 바꿀 수 있습니다.

리셋 2

괴로우면
시야 협착에
빠진다

힘들면 주변이 보이지 않는다

'괴로움은 두뇌 물질의 작용일 뿐이다'

'지금의 고통은 반드시 기쁨으로 바뀔 것이다'

현실이 괴로운 사람은 이런 말을 들어도, 좀처럼 받아들이기 어렵습니다. 맞아요.

'지금의 고통이 그렇게 쉽게 끝날 리가 없어,

언제고 계속되는 칠흑 같은 터널에

영원히 갇혀버린 것은 아닐까?'

이렇게 절망에 가까운 부정적인 생각들이 연달아 머릿속을 스쳐 지나갈 것입니다. 왜 그럴까요? 고통을 겪고 있는 사람은 필연적으로 시야 협착(시야가 좁아져 주변을 볼 수 없는 상태)에 빠지기 때문입니다. 지금 눈앞의 고통으로 머릿속이 가득 차서 그 이외의 것을 생각할 수 없는 것입니다.

반대로, 전체상을 볼 수 있다면 '괴롭다, 힘들다, 고통스럽다' 외의 긍정적인 측면도 보입니다. 예를 들어, 가파른 산길을 오를 때, 힘들다고 고개를 푹 숙이고 걸으면 오르막의 고통만 느껴질 뿐입니다. 고개를 들어 주위를 둘러보면 어떨까요? 푸른 나무와 아름다운 꽃이 어우러진 멋진 풍경이 펼쳐져 있습니다. 주의를 기울이지 않는 한, 그 어떤 아름다운 풍경도 눈에 들어오지 않습니다. 이것이 괴로움의 시야 협착입니다.

자신과 아주 가까운 상황만 근시안적으로 보이고 큰 그림을 볼 수 없기 때문에, 당장의 부분적인 '괴로운' 현상 외에는 눈에 들어오지 않습니다. 더 넓은 시각에서 전체를 조망하면, 긍정적인 부분도 반드시 보일 것입니다. '조감도'로 보는 구체적인 방법은 2장에서 자세히 다루겠습니다.

100%의 고통은 없다

시야 협착에 대해 조금 더 이야기해 봅시다. 제 외래 환자로 통원하고 있는 A 씨는 다리 통증과 그 고통에 관해 줄곧 이야기해 왔습니다. 제가 물었습니다.

저자: 지난 2주 동안 즐거웠던 일은 없었나요?

A 씨: 없었어요.

저자: 정말 하나도 없었나요? 적어도 하나쯤은 즐거운 일이 있지 않았을까요?

A 씨: 없었어요.

저자: (화제를 바꾸어)

　　　　친구와 만나서 시간을 보낸 적은 있나요?

A 씨: 있어요.

저자: 최근 언제 만났나요?

A 씨: 지난주 월요일이요.

저자: 친구와 뭐 했어요?

A 씨: 노래방에 갔어요.

저자: 그날 친구랑 뭘 먹었나요?

A 씨: 커피숍에서 케이크를 먹었어요.

저자: 친구와 커피숍에서 케이크도 먹고,

　　　　노래방에서 분위기 좋게 노래도 불렀네요.

　　　　그 시간이 꽤 즐겁지 않았나요?

A씨 :   뭐, 그러고 보니 재미있었네요.

　　계속 고통을 호소하던 A 씨의 이야기를 듣고 있으면, 하루 종일 이불 속에서 웅크리고 괴로워하는 이미지가 떠오릅니다.

눈앞에 놓인 '즐거움'을 찾는 방법

시야 협착에 빠지면 괴로움에 집중된다.

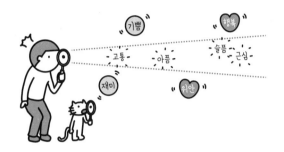

시야를 넓히면 즐거움이 보인다.

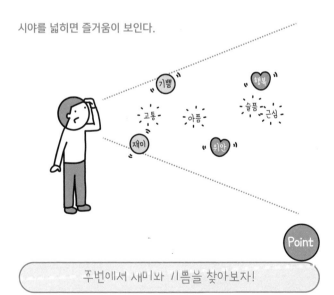

Point

주변에서 재미와 기쁨을 찾아보자!

하지만 실제로는 외출해서 친구와 대화를 나누고 노래도 부르며 즐거운 시간을 보내기도 했습니다. 그런데도 A 씨는 자신의 고통에 사로잡혀서 일상의 즐거움을 자각하지 못했습니다. 이것이 시야 협착입니다.

힘든 상황에 처한 사람은 '나는 지금 100% 고통스럽다'고 말하지만, 모든 일상이 고통만으로 가득 찬 사람은 거의 없습니다.

시야를 넓히기만 해도, 주변에 놓인 '즐거움'을 발견할 수 있습니다. 대부분의 시간이 괴로움의 연속이라 해도 가만히 살펴보면 현재 상황, 일, 일상 속 어딘가에 즐거운 부분, 안도의 순간을 반드시 발견할 수 있습니다.

'고통' 너머에는 반드시 '희망'이 있다

어떤 상황에서도 인생에는 의미가 있다.

해야 할 일, 충족해야 할 의미가 부여되어 있다.

당신을 필요로 하는 무언가가 있고,

당신을 필요로 하는 누군가가 있다.

그 무언가를 위해, 그 누군가를 위해

당신이 할 수 있는 일이 있다.

그 무언가, 그 누군가는 당신에게 발견되고

실현되기를 기다리고 있다.

-정신과 의사, 빅터 프랭클 《죽음의 수용소에서》 중에서-

오스트리아의 신경학자이자 정신과 의사였던 빅터 프랭클Viktor Emil Frankl은 제2차 세계 대전 중에 유대인이라는 이유만으로 나치 강제 수용소에 수감되었습니다.

세상에서 가장 고통스러운 곳에서 빅터 프랭클은 지옥과 죽음이 나란히 자리한 끔찍한 나날을 보냈을 것입니다.

《죽음의 수용소에서》는 수많은 사람이 절망에 빠져 죽어가는 가운데, 끝까지 희망을 잃지 않고 살아남은 프랭클의 수용소 경험을 바탕으로 쓴 책입니다.

극한의 한계 상황에서의 경험을 바탕으로 한 이야기인 만큼 압도적인 설득력이 있습니다.

프랭클은 우리에게 이렇게 말합니다.

> 고뇌를 거듭하고 거듭하라.
> 고통을 참고 또 참으며 견뎌내라.
> 절망의 어둠 끝에 이르렀을 때,
> 한 줄기 희망의 빛이 보일 것이다.

고통 너머에는 반드시 희망이 있습니다. 강제 수용소에서 살아남아야 했던 프랭클조차도 희망을 찾았습니다. 지금 아픈 당신에게도 희망이 있습니다. '100%의 고통'은 존재하지 않습니다.

리셋 3

기쁨은
고통 뒤에 온다

● **고통이 없으면 기쁨도 없다**

'인생에 기쁨이 있으면 고통도 있다'는 말이 있습니다.
저는 '인생에 고통이 없으면 기쁨도 없다'는 말이 더
맞다고 생각합니다.

여러분이 가장 기쁠 때는 언제인가요?

제가 가장 큰 기쁨을 느끼는 순간은 '가압 트레이닝'
이 끝난 직후입니다.

가압 트레이닝은 팔이나, 허벅지 등의 부위에 압력 커프cuff를 감아서 해당 근육의 혈류를 제한한 상태로 근육을 단련하는 것입니다. 일반 트레이닝과 같은 시간, 같은 훈련을 해도 몇 배나 피로하기 때문에 압도적인 효과를 얻을 수 있습니다.

매우 훌륭한 훈련이지만, 실제로 해보면 몹시 고통스럽습니다. 생각과 달리 근육에 좀처럼 힘이 들어가지 않고 눈 깜짝할 사이에 피로해져서 팔다리를 움직일 수 없게 됩니다.

제 추천으로 가압 트레이닝을 체험한 친구가 첫 트레이닝을 마친 후, "내 인생에서 이렇게 고통스러운 적은 없었다."고 말했을 정도입니다(웃음).

지옥처럼 고통스러운 가압 트레이닝을 저는 8년 이상 계속해 오고 있습니다. 계속하는 이유는 트레이닝 후에 정말 상쾌한 기분이 몰려오기 때문입니다.

몸과 마음이 실로 청량해지는 압도적인 충실감과 성취감! 특히 샤워할 때의 쾌감이 너무 좋아서 말로 다 표현할 수가 없습니다.

스포츠를 즐기는 사람이라면, 운동 후 '최고다!'라고 외치고 싶을 정도의 쾌감을 이해할 수 있을 것입니다. 저는 다양한 스포츠를 경험했지만, 가압 트레이닝 후에 느끼는 쾌감의 수준은 특별합니다.

기쁨은 고통 뒤에 옵니다. '인생, 고통 없이는 기쁨도 없다'고 절실히 생각합니다.

⬤ 고통을 이겨낼 때 행복 물질이 분비된다!

> 감동은 힘든 일이나 목표를 향해 노력해 가다 처음으로 '해냈다!'고 생각하는 순간에 온다.
>
> -전 일본 축구 국가대표팀 감독, 오카다 다케시-

고통 뒤에 기쁨이 찾아옵니다. 그 고통이 클수록 뒤따르는 기쁨도 커집니다. 우리는 이 법칙을 경험으로 알고 있습니다.

어째서 기쁨은 고통 뒤에 오는 것일까요?

뇌 과학적인 이유는 매우 명쾌합니다. 행복 물질인 도파민이 '고통' 뒤에 분비되기 때문입니다. 도파민은 목표를 설정하고, 어려움을 극복하며 벽과 장애물을 돌파할 때 방출됩니다. 인간을 진보와 향상으로 이끄는 동기 부여의 원천이 되는 물질입니다.

너무 쉬운 과제를 완수했을 때는 도파민이 분비되지 않습니다. 어느 정도의 고난과 고통을 극복해야 분비됩니다. 즉, 고통이 없으면 도파민이 나오지 않는 것이지요. 이러한 도파민 분비의 특성을 감안하면, 고통 뒤에 기쁨이 오는 것은 당연합니다.

반대로 고통 없이는 기쁨도 없다고 할 수 있습니다. 고통 없는 100%의 기쁨은 존재하지 않습니다. 만약, 있다 해도 그런 기쁨에는 금방 익숙해지고 질려버립니다. 그렇게 되면 더 이상 기쁨을 느낄 수 없게 됩니다.

고통은 기쁨, 즐거움, 행복, 감동의 전조라고도 할 수 있습니다.

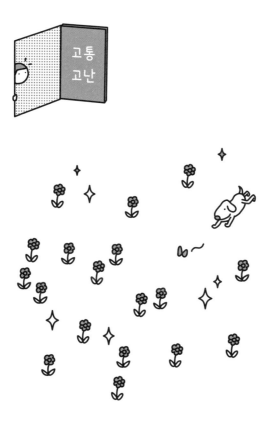

Point

고난을 이겨낸 뒤에는 반드시 '기쁨'이 있다.

고통을 극복하면 기쁨과 행복은 약속된 것과 마찬가지입니다. 그러니 지금 힘들고 괴롭다고 우울해하지 마세요. 오히려 지금 괴로운 사람일수록 기쁨, 행복, 감동을 경험할 가능성이 높습니다.

조금 있으면 고난이 기쁨으로 바뀌는 날이 옵니다. 이 사실을 인지하는 것만으로도 '고통'을 이겨낼 수 있는 용기가 생기지 않나요?

2장

~~~~~~~~~~~

괴로움을
즐거움으로
바꾸는 7가지 방법

부정적인 감정의 늪에서 벗어나
즐거운 마음으로 변화한다

이 장에서는 괴로움을 즐거움으로 리셋하는 구체적인 방법을

알아봅시다. 제가 실제로 효과를 확인했거나, 공신력 있는

연구기관과 학자들이 조사하고 발표한 자료를 바탕으로

당장 실천할 수 있는 방법을 소개합니다.

책을 읽으면서 따라 해 보시길 바랍니다.

리셋 1

즐거움과
행복을
상상한다

순식간에 행복한 감정을 끌어올릴 수 있다

'괴로움을 즐거움으로 바꾸는 법'을 주제로 한 세미나에서 간단한 실습을 진행했습니다. 먼저 참가자들에게 명함 크기의 카드를 나눠줍니다.

그리고 직업이나 일상에서 '괴로운, 힘든, 싫은' 것들에 대해 생각나는 대로 카드에 적어 보라고 요청했습니다. 참가자들은 카드에 차례차례 써 내려갔습니다.

작성을 마친 후, 옆에 앉은 사람과 짝을 지어 각자의 카드에서 가장 '괴롭다'고 생각하는 것을 이야기하도록 했습니다. 초면이라 그런지 다들 긴장한 표정이었고, 웃는 얼굴을 거의 찾아볼 수 없었습니다.

다음에는 '즐거운, 기쁜, 행복한' 것들을 생각나는 대로 카드에 적습니다. 그리고 마찬가지로 자신이 가장 '즐겁다'고 생각하는 것을 골라 상대방에게 이야기하기 시작했습니다. 그러자 놀라운 일이 일어났습니다.

"준비, 시작!"

저의 외침과 동시에, 즐겁고 기쁘고 행복한 것에 관한 이야기를 시작한 참가자들의 표정이 순식간에 환하게 밝아졌습니다. 대부분이 웃고 있었고, 실로 즐거운 분위기가 세미나실 전체에 퍼졌습니다.

불과 몇 분 전까지만 해도 긴장하고 굳어있던 사람들의 표정이 순식간에 바뀔 줄이야……. 즐거운 일을 상상하는 것만으로도 기분이 좋아지고, 미소가 절로 나온다는 사실이 실험으로 밝혀진 것이지요.

● 고통을 상상하면 면역력이 저하된다

인간은 '즐거움, 기쁨, 행복'을 상상만 해도 즐거운 기분이 듭니다. 마찬가지로, '괴로움, 고통, 불행'을 상상하는 것만으로도 기분이 우울해지며 스트레스를 받기도 합니다.

이에 관한 실험이 미국 UCLA(캘리포니아대학교, 로스앤젤레스)의 연극학과에서 진행되었습니다.

실험 참가자들에게 살면서 겪은 가장 우울한 경험을 하루 종일 생각한 후, 이를 과학자들 앞에서 연기로 표현하는 것입니다.

실험을 진행하는 동안 피험자들은 두 그룹으로 나누어 스타니슬라프스키Stanislavski 방식의 연습을 진행했습니다. 이는 만약 겁에 질린 장면이라면, 겁에 질렸던 기억을 세밀히 추적해서 실제 겁에 질린 감정을 끌어내면서 연기하는 것입니다.

한 그룹은 우울한 기억을 떠올리게 했고, 다른 그룹은 즐거운 기억만 떠올리며 연기하도록 지시했습니다.

실험이 진행되는 동안, 피험자들의 혈액 샘플을 여러 차례 채취하여 면역 기능의 변화를 지속적으로 조사했습니다.

혈액 검사 결과, 즐거운 기억을 떠올리면서 연기한 그룹은 면역세포의 수도 많고 활발했습니다. 반면에, 우울한 기억을 회상한 그룹은 면역세포의 수가 현저히 적고 활동성도 낮아져 감염병에 취약한 상태가 되어 있었습니다. 슬픔, 아픔, 고통을 상상한 것뿐인데도 단 하루 만에 면역력이 저하되는 놀라운 신체 변화가 관찰된 것입니다.

이는 실제로 스트레스를 받고 있느냐 아니냐의 문제가 아니라, 우리의 머릿속이 괴롭다고 느끼고 있느냐, 고통으로 가득 차 있느냐에 따라 결정된다는 것을 의미합니다.

지금 나에게 닥친 상황이 힘들다고 해서, '힘들다, 고통스럽다, 괴롭다'는 생각만 하면 스트레스 호르몬이 증가하고 결국 몸에도 악영향을 미치게 됩니다.

 **고난을 이겨낸 자신을 상상하면 용기가 생긴다**

'힘들 때일수록 즐거운 일을 상상하자!'

'즐거운 일을 상상하면 건강해진다!'

물론, 말처럼 쉽지 않습니다. 하지만 걱정하지 마세요. 누구든지 쉽게 할 수 있는 심상화 기술이 있습니다. '고통을 이겨낸 나 자신'을 구체적으로 상상하는 것입니다. 현재의 고난을 극복하고 멋지게 성장한 자신을 상상해 보세요.

저 역시 가압 트레이닝을 하다 보면, '너무 힘들어서 더는 못하겠다. 포기할까?'라는 생각이 들곤 합니다. 그럴 때는 고통을 극복하기 위해서, 마음속으로 '10kg 감량!'이라고 외치면서 감량에 성공한 모습을 심상화합니다. 대사증후군에 시달리는 지방질의 통통한 몸에서 근육질의 탄탄하고 날씬한 몸으로 변신한 제 모습을 상상하는 것이지요. 그러면 희한하게도 '고통'이 사라지고 '열심히 하겠다!'는 의욕이 생깁니다.

심상화 기술은 업무에도 활용할 수 있습니다. 예를 들어 볼게요. 여기, 견적서 마감 시간이 임박하여 몹시 바쁜 영업자가 있습니다. 시간에 쫓겨도 절대 숫자를 틀리면 안 되는 긴박한 상황입니다.

이 순간, '즐거운 일'을 상상해 보는 것입니다. '오늘 견적서 끝내고, 시원한 맥주에 치킨을 먹어야지!'라고 마음속으로 외치고, 퇴근 후 시원한 맥주 한 모금을 들이켜는 장면을 상상합니다.

'설마 그 정도로 될까?'라는 의구심이 들 수도 있지만, 자신을 위한 '즐거운 순간'을 상상하는 것만으로도 반드시 괴로운 심정이 희미해집니다.

반대로, '하기 싫어', '힘들어', '괴로워', '늦으면 어떡하지?'라며 부정적인 생각만 떠올리면, 점점 패닉 상태에 빠지게 됩니다. 일을 진행하는 데 있어 오히려 무익할 뿐입니다.

육체는 자유롭지 못해도 정신은 자유롭습니다. 생각으로는 무엇이든 할 수 있습니다. 기왕이면 '즐거움'을 상상하면서 스트레스를 날려 버립시다.

목표를 세우면 뇌 속 슈퍼 물질이 방출된다

'로또 30억에 당첨되면 어떻게 쓰실 건가요?'

생각만 해도 설레네요. '세계 일주! 어디를 먼저 갈까? 뭘 먹지?' 실제로 떠난 것도 아닌데, 가이드북을 손에 들고 여행계획을 세우는 순간은 정말 설레지요. 어째서 '즐거움'은 상상만으로도 설레는 것일까요?

즐거운 일을 상상할 때, 행복 물질인 도파민이 분비되기 때문입니다. 도파민은 정말 신비한 물질입니다. 목표를 달성하고 '해냈다!'라며 기쁨을 만끽하는 순간, 도파민이 분비되는 감각을 우리는 경험으로 알 수 있습니다.

그런데 사실, 도파민은 목표를 세우기만 해도 분비됩니다. 로또를 예로 들어 볼까요? 도파민은 우리가 로또를 '샀을 때(당첨을 상상할 때)'도 분비되고, 당연히 운 좋게 로또가 '당첨되었을 때(결과가 나왔을 때)'도 분비됩니다.

목표를 선명하게 세우는 동시에, 달성한 후의 모습에 대한 상상을 더하면, 더 많은 도파민이 방출됩니다. 수많은 자기계발서에서 공통적으로 '성공한 자신의 이미지를 선명하게 하자!'라고 강조하는 이유는 이미지가 선명할수록 더 많은 도파민이 분비되기 때문입니다.

도파민은 의욕을 높여주는 물질입니다. '반드시 해낼 거야!', '최선을 다할 거야!'라는 동기 부여로 마음을 이끌어 줍니다. 결론적으로 도파민은 뇌 기능을 향상하고 목표 달성을 돕는 물질입니다. 즐거움을 상상하는 것만으로도 궁극의 뇌 속 슈퍼 물질이 분비되는 것이지요.

지금 바로 '즐거움'을 상상하십시오.

그렇지 않으면 손해입니다.

'행복감+면역력'을 키우자!

기쁜 일을 상상하면 즐거워진다!

해외여행
가고 싶다!

복권에 당첨
되었어!

기쁨

힘든 일을 상상하면 괴로워진다!

야근의 연속…

불편한
인간관계…

고통

Point

즐거운 상상이 쾌감을 만든다!

리셋 2

긍정적인 언어로
표현한다

● **나는 지금 성장의 여지가 있다!**

성장의 여지가 언제나 MAX입니다.

그것이 현 대표팀의 강점입니다.

-전 일본 축구 국가대표팀, 혼다 케이스케-

혼다 케이스케는 월드컵 일본 대표팀을 이끈 에이스

선수이자 감독입니다. 저는 그가 자주 언급했던 '성장의 여지'라는 말을 정말 좋아합니다.

'성장의 여지'는 '모든 능력을 아직 다 사용하지 않았기 때문에 인간적으로, 능력적으로 발전하고 성장할 잠재력이 있다'는 의미입니다. 즉, 자기 성장의 가능성이 여전히 있음을 표현하는 매우 긍정적인 말입니다.

저 역시, 난관에 봉착할 때마다 '지금, 나는 성장의 여지가 있어!'라고 마음속으로 외치곤 합니다. 그렇게 외치고 나면, 신기하게도 괴롭고 무기력한 감정이 한순간에 편안하게 바뀝니다. 근육 트레이닝은 현재 낼 수 있는 힘의 90% 정도로는 거의 효과가 없다고 합니다. 100%, 아니 110%, 120%의 힘으로 '이게 내 한계야!'라는 절정에 이를 때까지 전력을 다해야 근력과 신체 능력이 높아집니다.

정신력도 마찬가지입니다. 한계를 넘어서는 힘든 경험을 해야 강인한 정신으로 키울 수 있습니다. 앞서 말씀드린 것처럼, 힘든 난관을 극복하는 순간은 더 많은 도파민이 분비되기 때문에 큰 성장이 일어납니다.

힘들다는 것은 성장을 위한 기지개를 켜고 있다는 증거입니다. 고난을 넘어서면, 비약적인 성장이 기다리고 있습니다.

> 마라톤 연습이 너무 힘들 때, '지금 나는 성장의 기지개를 켜고 있다'고 생각합니다.
>
> ―마라톤 금메달리스트, 다카하시 나오코―

🌑 고통은 성장을 위한 시련이며, 실패는 성공을 위한 경험이다

단어 하나만 바꿔도, '힘들다'를 '즐겁다'로 바꿀 수 있습니다. 예를 들어, '괴롭다'를 바꾸면 이렇습니다.

'이것은 나를 단련시키기 위한 시련일 뿐이다!'
'이 한계를 극복하면 더 큰 성장이 기다리고 있다!'

그럼 괴로운 감정이 리셋되고, 극복하면 성장할 수 있다는 믿음이 생깁니다. 앞으로 이 과정이 어떻게 전개될지 흥미로워지기도 하지요.

힘든 상황에 부닥치면, 우리의 머릿속은 이런 부정적인 말들로 가득 찹니다.

'괴롭다', '불행하다', '싫다', '힘들다', '벗어나고 싶다', '고행', '고난', '불운' 등등.

이를 다른 말로 바꿔봅시다.

'시련', '도전', '챌린지', '기회', '한계 돌파', '도약', '가치 있는 경험', '엄청난 스토리', '훈련', '단련', '가능성의 발견', '초월', '자기 성장의 양식' 등등.

우리는 특히, 실패했을 때 부정적으로 말하는 경향이 있습니다. 결과가 뜻대로 되지 않아 손실을 보거나 패배하는 것을 실패라고 하지요.

실패에는 부정적인 말이 따르기 마련입니다. 예를 들어볼게요.

"실패했어, 정말 지긋지긋하다. 더는 도전하지 말자."
"실패했어, 나는 역시 안 돼. 그만하자."

실패를 경험으로 바꾸면 어떻게 될까요?

"좋은 경험을 했어. 다음에는 성공할 거야."
"이번 경험을 통해 배운 것이 많아. 다음에는 반드시 더 잘 할 수 있어."

'경험'이라는 말 뒤에는 자연스럽게 긍정적인 대사가 이어집니다. 이런 식으로 부정적인 단어를 긍정적인 단어로 교체함으로써 감정을 리셋하고, 다음을 향한 의욕을 다질 수 있습니다.

● 'YES'라고 말할수록 인생이 잘 풀린다

'부정적인 말을 긍정적인 말로 바꾸기만 해도, 감정을 쉽게 리셋할 수 있다' 이것이 실제로 가능한지 궁금한 사람들을 위해 추천하고 싶은 영화가 있습니다.

〈예스맨Yes Man〉입니다. 주인공 칼 알렌(짐 캐리)은 공적으로든 사적으로든, 매사에 '아니', '싫어', '안 해'를 연발하는 부정적인 사람입니다.

친구: 파티를 열건데, 올 거지?

칼: 그날은 계획이 있어. 못 가.

친구: 아직 날짜도 말 안 했는데…

이런 식으로 주변 사람들의 권유나 요청에 대해 'NO'를 일관하며 거절하는 것이 칼의 행동 패턴이었습니다. 그렇게 살아가던 어느 날, 친구의 적극적인 권유에 못 이기기도 했고, 본인도 호기심이 생겨서 자기계발 세미나에 참석하게 됩니다.

세미나 주최자는 '의미 있는 삶을 살기 위한 유일한 규칙은 모든 일에 Yes라고 말하는 것이다'라고 설파하는 사람이었습니다. 그의 주목을 받게 된 칼은 얼떨결에 앞으로 벌어질 모든 질문에 'Yes'라고 대답할 것을 서약하게 됩니다.

세미나를 마치고 집으로 돌아가는 길, 한 노숙자가 다가와 공원까지 태워달라고 부탁합니다. 칼은 거절하고 싶었지만, 서약했기에 어쩔 수 없이 'Yes'라고 답합니다. 휴대전화를 빌려달라는 요청에도 'Yes', 차에서 내리며 돈을 빌려달라는 무례한 요구에도 'Yes'라고 대답합니다. 노숙자를 내려주고 홀로 남겨진 칼. 자동차 기름은 바닥났고, 휴대전화 배터리는 방전되었으며, 지갑에 현금도 텅텅 비었습니다. 하는 수 없이 칼은 기름을 사기 위해 몇 마일이나 떨어진 주유소로 향하고, 그곳에서 예전의 자신이라면 결코 만나지 못했을 신비롭고 매력적인 여성을 만나게 됩니다.

'Yes'는 직장 생활에도 변화를 가져옵니다. 휴일에 출근해 달라는 부탁을 받고 예전의 칼이라면, 무조건

거절했을 테지만, 서약한 칼은 'Yes'라고 대답합니다. 그러자 그에 대한 상사의 평가가 달라지기 시작합니다.

상사는 파티에 칼을 초대했고, 그는 역시 'Yes'라고 대답합니다. 파티에서 의기투합하면서 신기하게도 상사의 호감을 얻게 됩니다. 그리고 상사의 승진 추천을 받습니다.

이렇게 'Yes'를 반복하면서 칼의 인생은 긍정적인 방향으로 전환되기 시작합니다. 모든 일에 'Yes'를 연발하면서 벌어지는 소동을 그린 코미디로, 실제로 BBC(영국방송공사) 라디오 프로듀서이자 작가인, 대니 월리스Daniel Frederick Wallace의 경험담을 쓴 원작을 영화화한 것입니다.

물론 영화적 각색은 있지만, 'No'를 'Yes'로 바꾸면서, 실제로 그의 인생이 역전된 것은 틀림없는 사실입니다.

긍정적인 슬로건을 내세워 대통령으로 당선되다

2008년 11월 4일의 미국 대통령 선거에서 민주당 버락 오바마 후보가 승리하면서 미국 최초의 흑인 대통령이 탄생했습니다.

오바마 당선인이 대선에서 승리할 수 있었던 요인으로는 미국 국민들이 이라크 전쟁에 강제로 참전한 부시 행정부와 공화당에 염증을 느낀 점 외에도 여러 가지가 있지만, 인터넷을 활용한 선거 캠페인의 성공도 빼놓을 수 없는 이유 중 하나입니다.

'CHANGE', 'YES WE CAN'과 같이 오바마 캠프에서 내세운 매우 긍정적이고 강력한 메시지가 유권자들의 마음을 사로잡은 것입니다.

우리는 긍정적인 말을 하는 사람을 좋아하고, 부정적인 말을 하는 사람을 싫어합니다. 인물 다큐멘터리에 등장하는 기업 대표와 운동선수들의 말은 매우 긍정적이고 힘이 넘칩니다.

여러분의 주변에도 타인에 대한 험담을 자주 하는 사람이 있지 않나요? 그 말을 들으면 어떤 생각이 드나요? 타인을 비난하는 말을 듣고 있으면, 그것만으로도 지겹고, 불평과 푸념 일색인 사람과는 깊은 관계를 맺고 싶지 않습니다.

그 이유는 뇌의 편도체에 있습니다.

편도체는 유쾌·불쾌를 즉각적으로 판단합니다. 그리고 유쾌한 자극에는 접근하고 불쾌한 자극은 회피하라고 행동에 지령을 내립니다. 긍정적인 말은 유쾌한 자극이기 때문에 가까이 다가가고 싶어지며, 유쾌하게 대화하는 사람과는 다시 만나고 싶어집니다.

부정적인 말은 불쾌한 자극이므로 피하고 싶습니다. 불쾌한 대화를 이어가는 사람은 다시 만나기 싫고, 최대한 멀어지고 싶습니다.

입에서 나오는 말들이 긍정적인지 부정적인지, 그 차이에 따라 주변 사람들이 호감을 느낄지, 혐오감을 느낄지가 정해집니다.

힘들다고 느끼는 이유가 '지금 하는 일이 나아지지 않아서'라고 생각하는 사람이 적지 않습니다.

〈악마는 프라다를 입는다The Devil Wears Prada〉라는 영화가 있습니다. 저널리스트 지망생인 앤디(앤 해서웨이)는 권위 있는 패션 잡지 〈런웨이〉 편집장, 미란다(메릴 스트립)의 어시스턴트가 됩니다. 강렬한 개성과 카리스마가 넘치는 미란다의 까다로운 요구와 트집에도 앤디는 낙담하지 않고, 타고난 요령과 오기로 극복해 갑니다.

앤디의 선배 어시스턴트인 에밀리는(에밀리 브런트)는 미란다에게 시달리면서도 어떻게든 자기 자리를 지키려고 애씁니다. 그런 그녀가 업무에 압도되어 지긋지긋하다는 감정이 드는 순간, 어떤 말을 중얼거립니다.

"나는 내 일을 사랑한다… 사랑한다… 사랑한다…"

매우 인상적인 장면입니다. 완전히 부정적인 기분에

사로잡혀 있는데도, 긍정적인 말로 자신을 격려합니다. 힘들 때, 긍정적인 말로 자신을 고무시키는 것은 매우 효과적인 감정 리셋 방법입니다.

긍정적인 말로 편도체를 속이는 것입니다. '나는 내 일을 사랑한다'는 말로 '업무 = 불쾌'라는 편도체의 판단을 흐리는 것이지요.

'안심'과 '즐거움'의 감정은 편도체를 안정시키고, 스트레스 물질인 노르아드레날린을 억제합니다. 단순한 '바꿔치기'일 뿐입니다. 그런데도 편도체가 완전히 반대되는 반응을 일으키기 때문에, 뇌는 '힘들지만 즐겁다'고 착각합니다. 그리고 실제로 높은 효과를 발휘합니다.

🔘 긴장되는 순간, '설렌다'고 말하면 성취도가 높아진다

긍정적인 단어를 사용하면, 뇌가 긍정적으로 반응하여 높은 성과를 낸다는 것을 밝혀낸 연구가 있습니다.

하버드 비즈니스 스쿨의 브룩스 교수가 진행한 실험을 소개합니다.

피험자들에게 '카메라 앞에서 연설하기', '어려운 수학 문제 풀기', '많은 사람이 있는 노래방에서 노래 부르기'와 같은 긴장된 상황을 경험하도록 요청했습니다. 그리고 행동을 시작하기 전에, '설렌다', '침착하자', '불안하다' 중 하나를 소리 내어 말하도록 했습니다.

실험 결과, 연설 전에 '설렌다'고 말한 피험자는 긴장이 풀렸고, 오랜 시간 동안 설득력 있고 의미 있는 연설을 할 수 있었습니다.

어려운 수학 문제를 풀기에 앞서 '설렌다'고 말한 그룹은 '침착하자'라고 말한 그룹과 아무 말도 하지 않은 대조군보다 평균 8% 더 높은 정답률을 기록했습니다.

노래방 실험에서는 '설렌다'고 말한 그룹이 노래방 시스템 판정 결과, 음정과 리듬 및 음량 면에서 평균 80%의 정확도를 보였다는 결과가 나왔습니다.

반면, '침착하자'라고 말한 그룹은 평균 69%, '불안하다'고 말한 그룹의 평균은 53%였습니다.

브룩스 교수는 이 실험 결과에 대해 다음과 같이 말합니다.

> 불안한 마음은 나쁜 결과처럼 부정적인 생각을 하게 만드는
> 원인이 된다. '설렌다'고 발성함으로써 좋은 결과가 나오는
> 방향으로 기분을 전환하면, 좋은 결과를 얻을 수 있다.
> 처음에는 믿기 힘들겠지만, 실제로 '설렌다'고 말하면 정말로
> 설레는 마음이 생긴다.

'불안하다'는 부정적인 말을 하면 뇌의 퍼포먼스가 저하되지만, '설렌다'는 긍정적인 말을 하면 뇌의 퍼포먼스가 향상됩니다.

부정적인 언어를 긍정적으로 교체하는 것만으로도 불안한 감정이 리셋되고 뇌가 긍정적으로 작용하기 시작합니다.

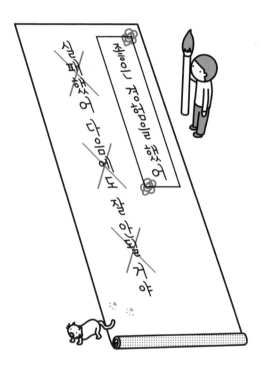

리셋 3

강요당하는 것이 아니라,
자발적으로 하는 것이다

'아직 5회'와 '앞으로 5회'의 큰 차이

복근 운동 30회를 할 때, 마지막 5회는 매우 힘듭니다. 이른바 '성장의 여지'가 있는 상태지만, 체력적으로는 한계입니다. 이때 트레이너가 외칩니다.

"아직 5회 남았어요!"

한계에 도달한 마지막 순간, 보통의 감각은 '아, 아직도 5회나 남다니…'라는 부정적 사고에 지배됩니다.

괴로운 감정이 강해지고, 어떻게든 힘을 빼고 싶은 욕구에 사로잡힙니다.

반면, 트레이너가 이렇게 외친다면 어떨까요?

"앞으로 5회! 할 수 있다!"

신기하게도 긍정적인 감각이 깨어나고 '제대로 하자!'라며 의욕이 솟구칩니다. 제 트레이너는 때때로 "앞으로 5회밖에 못 해요!"라고 외치기도 합니다.

그 소리를 들으면, '앞으로 5회밖에 못 한다고? 그럼, 전력을 다해야지!'라며 긍정적인 마음가짐으로 전환되고, 한계 상황에서도 기꺼이 최선을 다하게 됩니다.

● 자발적 언어를 쓰면 '강요당하는 기분'이 사라진다

'말 바꿔치기'로 부정적인 기분을 긍정적으로 바꾸고, 억지로 하는 느낌도 지울 수 있습니다. 강요당하는 느낌이 들면 뇌에서 노르아드레날린이 분비되고, 내가 원해서 자발적으로 할 때는 도파민이 분비됩니다.

같은 일이라도 '다른 사람이 시켜서 하는가? 내가 자발적으로 하는가?'의 차이입니다. 어떻게 접근하느냐에 따라, 스트레스 물질 아니면 행복 물질이 나오는 정반대의 결과가 되는 것입니다.

어차피 같은 일을 할 거라면 행복 물질을 생산하여 의욕을 높이고 즐겁게 하는 것이 좋겠지요. 그러려면, 시켜서 하는 느낌을 강화하는 말 대신 자발성을 끌어내는 말을 사용해야 합니다. 예를 들어 볼까요?

◎ 벌써 8시야. 출근해야 해.

　　→ 좋아, 8시군. 오늘도 나는 일하러 간다!

◎ 오늘도 3시간이나 야근을 시키다니!

　　→ 앞으로 3시간, 힘내자!

'또', '~도', '안 하면 안 돼', '해야 해'처럼 의무나 강요의 느낌을 표현하는 말은 가급적 피합시다.

자발적인 느낌의 '내가 할게!'라는 말로 대체하면, 부정적이고 강요당하는 기분이 드는 노르아드레날린 사고에서 긍정적이고 자발적인 도파민 사고로 전환할 수 있습니다.

◖◗ 일을 즐기는 사람들이 의욕과 효율을 높이는 방법

지금까지 말씀드린 것 외에도 도파민을 방출하는 방법은 많습니다. 예를 들면, 다음과 같습니다.

◎ 목표를 설정한다.

◎ 목표를 달성한 자기 모습을 심상화한다.

◎ 목표를 반복해서 확인한다.

◎ 즐기면서 한다.

◎ 달성 프로세스를 바꾼다.

◎ 독창성을 발휘한다.

'타인이 시킨 일'에서 '내가 자발적으로 하는 일'로 전환하려면 요령이 필요합니다. 나에게 부여된 '할당량'을 그대로 실행하는 것이 아니라, 목표를 재설정합니다.

만약, 3개월 안에 책 한 권을 집필해 달라는 요청을 받았다고 가정해 봅시다. 상대방의 의뢰를 '세밀하게 분리'합니다. 첫 달에 인터뷰 및 정보 수집, 둘째 달에 목차 구성 및 글감 정리, 셋째 달은 글쓰기 및 교정, 이런 식입니다.

한 달간의 '글쓰기 및 교정'도 10일씩 나눕니다. '처음 10일 동안은 일단 끝까지 쓰기, 다음 10일간은 글 전체의 완성도 높이기, 마지막 10일은 원고를 검토하며 오탈자를 포함해 교정보기'와 같이 구체적인 기간과 세부 목표를 설정하는 것입니다. 이렇게 하면, '3개월 안에 집필하라'고 지시받은 일이 내가 주도권을 가진 자발적인 일로 전환됩니다.

도파민을 쉽게 방출하는 또 다른 방법은 독창성을 발휘하는 것입니다. 도파민은 독창성을 좋아합니다.

타인이 시키는 대로만 하면 노르아드레날린이 분비되지만, 내가 고안한 창의성과 지혜를 약간만 더해도 도파민이 분비됩니다.

목적지와 마감 시간은 타인이 정하는 대로 따른다 해도, 목적지까지 가는 방법, 교통수단, 환승 방법 등은 내가 즐거운 방식으로 고안할 수 있습니다. 그 과정에서 '주어진 일'이 '자발적인 일'로 바뀌고 의욕과 효율이 높아집니다.

일을 즐기는 사람은 지시받은 일에도 독창적인 프로세스와 아이디어를 궁리합니다. 독창적이라고 해서 남들은 생각할 수 없는 색다르고 기발한 방법만을 말하는 것이 아닙니다.

예를 들어, 마감일보다 앞당겨 일을 완성하는 사람, 지시받은 자료에 추가해 보충 자료까지 제출하는 사람 역시 무의식적으로 감정 리셋 기술을 사용하여 도파민을 분비하고 있습니다. 업무 소요 시간을 줄이는 프로세스를 궁리하고, 자신의 의지와 아이디어로 보충 자료를 창작하는 과정에서 도파민이 분비됩니다. 그에 더해 마감보다 빠르게 업무를 완성하고, 보충 자료까지 제출하는 사람에게는 칭찬과 좋은 평가가 따르기 마련입니다. 그럼, 기분이 좋아지고 다음 일에 대한 새로운 의욕이 솟아납니다.

일을 즐기는 사람들은 도파민에서 의욕으로 이어지는 선순환을 주도하며, 어떤 일이든 '즐거운 포인트'를 찾아 독창성을 발휘합니다.

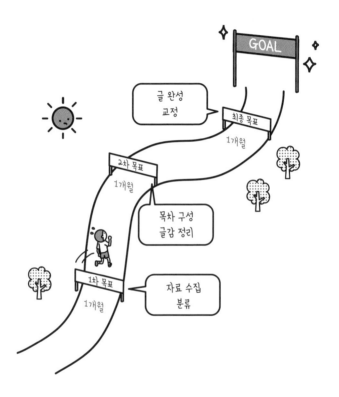

GOAL

글 완성
교정

최종 목표

1개월

2차 목표

1개월

목차 구성
글감 정리

1차 목표

자료 수집
분류

1개월

Point

해야 할 일의 목표를 구체적으로 나눈다.

리셋 4

상황을
객관화한다

🔘 변화하는 감정 상태를 수치화한다

마음이 괴로운 사람들은 대부분 시야 협착(시계, 시야가 좁아져 전체가 보이지 않는 상태)에 빠져 있습니다. 자신의 상황을 넓은 관점에서 객관적으로 볼 수 없기 때문에, 주변에 놓인 즐거움을 발견하지 못하고 긍정적인 부분도 전혀 눈에 들어오지 않습니다.

시야 협착에서 벗어나려면 상황을 객관적으로 볼 수

있는 '조감도'로 시야를 넓혀야 합니다. 어떻게 하면 시야를 넓힐 수 있을까요?

저에게 상담을 요청하는 외래 환자 중에는 '최악이다', '참을 수 없을 정도로 심하다', '구렁텅이에 빠졌다', '더는 못하겠다', '죽고 싶다'고 말하는 사람들이 종종 있습니다.

'최악의 괴로움'을 이야기하는 환자들은 한 달이 지난 후 증상을 물어도 '최악이다', '못 견디겠다', '바닥에서 허우적거리고 있다'라며 같은 이야기를 합니다. 그리고 '조금도 나아지지 않는다', '여전히 몸이 안 좋다'며 고통을 토로하기도 합니다. 처방한 약이 효과를 보이고 있고, 환자의 표정을 봐도 초진 때보다 밝아졌음에도 환자는 여전히 '100%의 고통'을 말합니다.

그럴 때, 저는 "지금의 기분은 몇 점인가요?"라고 물어봅니다.

"최악으로 아팠던 상태를 0점, 건강하고 밝은 상태를 100점이라고 하면, 지금 상태는 몇 점일까요?"

환자는 "20점이요."라고 대답합니다.

꽤 낮은 점수입니다. 그럼 제가 다시 묻습니다.

"병원에 처음 오셨을 때는 몇 점 정도였나요?"

환자는 "0점이요."라고 답합니다.

"처음에는 0점이었는데 지금은 20점이네요. 그렇다면 증상이 호전되고 있네요?"라고 묻습니다. 그러면 환자는 "그러네요."라며 비로소 자신의 증상이 개선되었음을 깨닫습니다.

이어서 "0점에서 20점으로 개선되었는데, 어떤 부분이 좋아졌나요? 어느 지점이 편안해졌을까요?"라고 물으니, "그러고 보니, 하루 중에 짜증 내는 시간이 조금 줄어든 것 같아요."라며 어떤 부분이 개선됐는지, 증상이 좋아진 쪽으로 관심을 돌립니다.

힘들고 괴로운 사람은 시야 협착에 빠져있기 때문에, 현재 상황을 '최악 = 0점'으로 느낍니다. 그러나 기분이나 컨디션을 수치화하여 일주일 전이나 한 달 전과 비교하면 '고통'의 정도는 달라집니다. 좋아지거나 나빠지거나, 컨디션의 파도가 교차하기 때문입니다.

이를 수치화하면, 현재의 '괴로움'을 상대적으로 비교하여 자신의 상태를 객관적으로 관찰할 수 있습니다. 감정과 기분, 컨디션을 수치화할 때는 '기록'이 필수입니다.

아침에 눈을 떴을 때, 당시의 기분과 컨디션을 자기평가하여 100점 만점 기준으로 점수를 매기고 기록합니다. 그리고 하루를 마칠 때, 오늘 있었던 일을 되돌아보며 자신의 상태를 평가하고 기록합니다.

기록해 두면, 나중에 되돌아보면서 변화를 비교할 수 있습니다. 일기장이나 수첩에 적어도 좋고, 스마트폰 다이어리 앱이나 건강 관리 앱을 활용하는 것도 좋습니다.

● 비교를 성장의 발판으로 삼는 방법

'힘들다'는 말을 입버릇처럼 하는 사람은 타인과 자신을 비교하는 경향이 있습니다.

"나랑 연차가 같은 A 씨는 이번에 과장으로 승진했는데,
나는 여전히 대리다."
"대학 동기들은 연봉 5,000만 원이 넘는데, 나는 그 정도
받으려면 아직 멀었어."
"B 씨는 프레젠테이션을 참 잘해. 나는 준비한 자료를 읽
는 것조차 힘든데."

타인과 비교해서 자신의 약점을 드러내며 마음대로
좌절하고 힘들어합니다. 세상에는 나보다 우수한 사
람, 나보다 돈 많은 사람, 나보다 성공한 사람이 수만,
수십만 명 있습니다.

눈부시게 성장하고 큰 성공을 거두더라도, 나보다
나은 사람은 반드시 존재하기 때문에 열등감에서 영
원히 벗어날 수 없습니다. 심리 상태가 긍정적인 사람
은 타인과 자신을 비교하는 방식이 조금 다릅니다.

"A 씨가 과장으로 승진했어. 그의 뛰어난 점을 본떠 나도
승진하고 말겠어!"

"동기들은 모두 연봉 5,000만 원이 넘는다. 나도 지지 말고 힘내자!"

"B 씨는 프리젠테이션을 정말 잘해. 요령을 배워서 나도 잘해볼 거야."

이처럼 긍정적인 태도를 유지하면서, 비교 지점을 자신의 동기 부여에 활용합니다.

반면, 부정적인 심리 상태에 빠진 사람은 그런 발상을 하지 못하고 자신의 열등함을 탓하며 마냥 우울해합니다. 자신보다 위에 있는 사람과 비교하고 열등감을 느끼는 것을 '상방 비교'라 합니다. 반대로 자신보다 아래에 있는 사람과 비교하며 우월감을 느끼는 것은 '하방 비교'입니다.

심리 실험에 따르면, 자존감이 낮아졌을 때, 힘들다고 느낄 때 사람들은 무의식적으로 상방 비교를 하게 된다고 합니다. '나는 어차피 안 돼'라고 느끼며, 그 감정을 뒷받침할 만한 근거들을 무의식적으로 찾는 것이지요.

'비교'는 사물을 객관화하는 데 도움이 됩니다. 다만, 힘들고 괴로운 상태에서는 타인과 비교하지 마십시오. 비교해야 할 상대는 '과거의 나'입니다. 과거의 나와 비교하면, 상대적으로 현재의 내 위치를 알 수 있습니다.

> "작년까지는 학자금 대출 갚기 빠듯했는데, 지금은 적금 통장에 돈이 차곡차곡 쌓이고 있어!"
> "TOEIC 300점이라니, 하지만 전보다 30점 올랐어!"
> "프리젠테이션 준비할 때마다 야근하게 되네. 그래도 작년에 비하면 문서 스타일도 정돈되고, 프로그램 다루는 실력도 많이 늘었어."

부정적이었던 과거의 나와 비교하면, 현재의 나는 긍정적인 상태에 있음이 분명해집니다. 과거의 나에 비해 지금의 나는 스스로 성장하고 있음을 깨닫게 되는 것입니다. 타인과 비교하면 마음이 아프고 힘들지만, 과거와 나와 비교하면 편안해집니다.

당신은 어느 쪽과 비교하시겠습니까?

● '한정된 시간'은 몰입을 끌어낸다

'과거의 나와 비교하기'의 사례로 제 이야기를 해 볼게요. 저는 정신적으로 정말 힘들었던 시기가 두 번 있었습니다. 하나는 대학 입시에 실패해서 재수 학원에 다니던 시절이고, 다른 하나는 막 의사가 되었을 때입니다. 제 고등학교 성적은 의대에 진학할 정도로 우수한 편이 아니었습니다.

당시, 삿포로의과대학교에 합격하려면 제가 다니던 고등학교, 3학년 정원 400명 중에 상위 30위 안에 들어야 했습니다. 그런데 저는 보통 60~70위이고, 50위 안에 든 적이 한 번도 없었습니다(웃음). 담임선생님께 "삿포로의과대학교에 응시하고 싶습니다."라고 포부를 밝혔더니 "네 성적으로는 무리일 것 같다."는 답변이 돌아왔습니다. 하지만 저는 '해보기 전에는 알 수 없는 거잖아!'라는 마음으로 지원했습니다.

결과는 아시다시피 불합격이었죠. 대학 '불합격' 통지는 제 인생 최초의 큰 '좌절'을 경험하게 해 주었습니다. 저는 그때 생각했습니다. '이대로 주저앉을 수는 없다.' 일 년만 더 최선을 다해보고, 그래도 안 되면 꿈을 포기하기로 결심했습니다. 재수하는 일 년 동안, 매일 12시간씩 공부에 전념했습니다. 오전에 재수 학원에 가서 수업을 듣고, 점심을 먹자마자 바로 자습실로 향했습니다. 오후 수업이 끝나면 자습실에서 학원 문을 닫을 때까지 계속 공부했습니다. 여름 무렵부터 모의고사 성적이 오르기 시작했습니다. 그러다 보니 공부에 재미가 붙었습니다. 처음 몇 달 동안은 참을 수 없을 정도로 고통스러웠지만, 성적이 향상되니, 공부에 대한 의욕이 더욱 솟구쳤습니다.

그렇게 두 번째 실전의 날이 되었습니다. 5:1의 경쟁률. 시험을 마치고 저는 생각했습니다. '100% 합격이다.' 결과가 발표될 때도, 전혀 불안하지 않았습니다.

지금 돌이켜보면, 그야말로 장렬한 일 년이었습니다. 평생 그렇게까지 충실히 공부해 본 적이 없었던 것 같습니다. 동시에, 인간이 몰입하면 얼마나 해낼 수 있는가에 대한 많은 깨달음과 배움을 얻은 한 해였습니다.

제 이야기를 읽고, 어떤 분들은 이렇게 말할 수 있습니다. "전혀 괴롭게 느껴지지 않는다. 그 정도는 절대 밑바닥에 떨어진 경험이라고 할 수 없다."

하지만, 저는 그 괴로웠던 일 년의 시간 덕에 단시간에 집중력을 높이는 요령을 터득했습니다. 공부에 재미를 붙이는 방법을 궁리하고 조정하는 과정에서 의욕을 높이는 방법을 배운 것입니다.

그리고 지금의 저를 있게 만든, 인간으로서의 '기초'를 다졌다고 생각합니다. 지금 돌이켜 보면 좋은 추억이지만, 당시에는 상당히 힘들었습니다. '삼수하게 되면 어떡하지?'라는 불안감도 있었습니다. '내가 의대에 진학하는 것은 무리가 아닐까?'라는 의구심이 들어서 가슴이 찢어질 듯 아플 때도 있었습니다.

'아프다, 괴롭다'는 성장하는 순간을 말합니다. 성장통이지요. 인생에서 가장 힘들었던 일 년간의 재수 생활이 인생에서 단연 가장 많이 성장한 해였습니다.

이처럼, 돌이켜보면 '괴로운 시간'은 '귀중한 시간'이자 '성장의 시간'이며, '인생의 시련'은 '나를 크게 성장시키는 장애물'임이 틀림없습니다. '바닥 = 소중한 시간'이었지만, 제 이야기로는 당시의 심각성을 전혀 느끼지 못하는 분들도 있을 수 있습니다.

당신의 인생에서 가장 힘들었던 때는 언제였나요?

지금보다 더 '힘든' 시기를 겪으면서도, 훌륭하게 극복해 냈기에 현재의 자신이 있는 것입니다.

인생에서 가장 힘들었던 때를 떠올리면, '그때 비하면 별거 아니다. 지금은 밑바닥이 아니다!'라는 깨달음을 얻을 수도 있습니다.

리셋 5

해결법, 대처법을
배운다

🔘 스스로 제어할 수 있으면 스트레스가 아니다

'스트레스란 무엇일까요?'

느닷없이 이렇게 물으면, 대부분은 대답하기 어려울 것입니다. 신경과학자 킴 잭슨Kim Jackson과 데이비드 다이아몬드David Diamond가 개발한 스트레스의 정의 세 가지를 소개합니다.

◎ 스트레스로 인한 흥분된 생리 반응이 있고, 제삼자에 의해 측정 가능하다.

◎ 스트레서stresser(스트레스를 주는 자극) 요인은 싫어하는 것이어야 한다.

◎ 스스로 스트레스를 제어할 수 없다고 느낀다.

이 중 세 번째 정의가 중요합니다. 즉, '스스로 제어할 수 있느냐 없느냐'가 스트레스의 갈림길이 됩니다. 설령 힘들더라도 스스로 컨트롤할 수 있으면 스트레스가 아닙니다. '어찌할 수가 없다'는 점이 스트레스가 스트레스인 이유이고, '어떻게든 된다'고 생각하는 순간에는 더 이상 스트레스가 아니게 되는 것입니다.

인간관계로 고민하고 있다면, 인간관계를 개선하는 책을 읽거나, 세미나 혹은 강연에 참석하는 것만으로도 스트레스는 경감됩니다. 통제 불능이었던 문제는 그것을 해결하는 방법을 배움으로써 통제할 수 있는 문제가 될 가능성이 충분히 있습니다. 지금 이 책을 읽고 있는 것도 '대처법'을 배우고 있는 것입니다.

여담이지만, 자기계발서를 읽고 실천에 옮기는 사람은 10%도 안 된다고 합니다. 힘들게 책을 읽어도 내용을 아웃풋 하지 않으면, 인간의 뇌 구조상 4주가 지날 무렵부터 점점 잊힙니다. 그럼, 지금까지 읽은 자기계발서는 소용없게 된 것일까요?

걱정하지 마세요. 자기계발서에는 확실하게 문제를 해결하는 방법이 쓰여 있습니다. 그 방법을 실행할지 여부는 개인의 몫이지만, '이렇게 하면 해결된다'라는 정보를 아는 것으로도 마음에 안정감이 생기고, 결과적으로 스트레스가 쌓이는 것을 피할 수 있습니다.

● 대처 방법을 알면 스트레스가 줄어든다

해결할 수 있는 수단을 아는 것만으로도 실제로 문제를 해결하지 않고도 스트레스가 줄어듭니다. 이는 생쥐를 대상으로 한 실험에서도 입증되었습니다.

두 개의 케이지 중 한쪽 케이지에만 스위치를 설치하여, 생쥐가 스위치를 밟으면 두 케이지 모두 전기 충격이 멈추도록 했습니다. 그리고 각각의 케이지에 생쥐를 넣고 가벼운 전기 충격을 가했습니다.

몇 번의 전기 충격 뒤에, 스위치가 있는 케이지의 생쥐는 전기 충격을 멈추는 방법을 학습하게 되었습니다. 스위치를 밟아서 스스로 전기 충격을 제어할 수 있는 생쥐와 아무것도 할 수 없는 생쥐 중 어느 쪽이 스트레스의 영향을 받았을까요?

네, 답은 간단합니다. 아무것도 할 수 없는 생쥐입니다. 전기 충격을 받은 횟수와 시간이 정확히 같았음에도 아무것도 할 수 없었던 생쥐는 스트레스에 더 많은 영향을 받아 궤양이 생기고 빠르게 쇠약해졌습니다.

스트레스의 원인이나 고통을 제거하지 못해도, 단지 대처 방법을 아는 것만으로 스트레스를 크게 줄일 수 있습니다.

내가 제어할 수 있는 스트레스인지 확인한다

전기 충격을 제어할 수 있는 생쥐

▶ 정지 스위치가 있는 경우,
생쥐가 건강을 유지했다.

전기 충격을 제어할 수 없는 생쥐

▶ 정지 스위치가 없는 경우,
생쥐가 쇠약해졌다.

Point

내가 통제할 수 있다고 인지하면 스트레스가 리셋된다.

리셋 6
. . . .

원인에
집착하지 않는다

 해결할 수 없는 문제로 고민하지 않는다!

어영부영 생각을 시작하기 전에, 그 문제가 생각으로

해결될 일인지, 시간 낭비일 뿐인지 판단해야 한다.

어차피 해결되지 않을 고민이라면 생각도 하지 않는다.

–나카타니 아키히로《자기 학교》중에서–

질문 하나 해 볼게요. 지금 앞을 가로막고 있는 가장 큰 '괴로움'의 원인은 대처 방법이 있는 문제거나 해결할 수 있는 고민인가요? 아니면, 대처 불가한 문제이거나, 해결할 수 없는 고민인가요?

'내가 안고 있는 고민이나 문제가 해결될 수 있을까?'

이것을 깨닫는 것이 스트레스에 대처하는 첫 번째 단계입니다. 스트레스에 관한 한 연구에 따르면, 가장 스트레스를 많이 받는 것은 '바꿀 수 없는 상황을 바꾸려고 애쓰는 것'이라고 합니다.

예를 들어, 부모가 자식을 잃은 것은 바꿀 수 없는 상황입니다. 아이를 잃은 충격은 이루 말할 수 없을 정도로 큽니다. 다만, 언제까지고 잃은 아이를 생각하며, 다시 함께 살고 싶다고 간절히 소망한다고 해서 죽은 아이가 부활하지는 않습니다.

또는, 자신의 실수로 회사에 일억 원의 손실을 입혔다고 가정해 봅시다. '왜 이런 실수를 저질렀을까…….

그만두고 싶을 정도로 부끄럽다. 실수하기 전으로 시간을 돌리고 싶다'라며 뼈저리게 후회한다고 해서 손실금이 돌아오는 일은 절대 없습니다. '피해를 최소화할 수 있도록 뒤처리에 전력을 기울인다', '이번 실패를 반성하고 다시는 같은 실수를 반복하지 않는다'와 같이 지금 내가 할 수 있는 일을 필사적으로 할 수밖에 없습니다.

잔인하게 들릴 수도 있지만, 바꿀 수 없는 것을 바꾸려는 노력은 쓸모없는 노력입니다. 해결할 수 없는 문제와 고민에 대해서 끙끙대며 생각하는 것은 1톤짜리 돌을 밀어 올리는 것과 같습니다. 아무리 밀어도 절대 움직이지 않습니다.

밀면 밀수록 육체적, 정신적 힘만 더욱 소모될 뿐이고, 1mm도 움직이지 못했는데 몸과 마음은 완전히 녹초가 됩니다.

⬤ 원인에 연연하면 고통이 커진다

> 과거와 타인은 바꿀 수 없다.
> 그러나 지금 여기서 시작되는 미래와 나는 바꿀 수 있다.

-심리학자 에릭 번-

내가 바꿀 수 없는 것, 해결할 수 없는 문제나 고민이란 무엇일까요?

대표적인 것이 '과거'와 '타인'입니다. 문제나 고민에 직면했을 때, 먼저 그 문제나 걱정이 바뀔 수 있는지를 생각해 보십시오.

바꿀 수 있는 일, 즉 해결할 수 있는 일이라면 해결법, 대처법을 찾으면 됩니다.

바꿀 수 없는 문제라면, 고민하는 것 그 자체가 가장 큰 스트레스입니다. 고민해도 소용없습니다. 그 문제를 사실로 받아들이고 '원인 제거' 이외에 다른 해결법은 없는지를 모색하는 것이 중요합니다.

우리는 어떤 문제나 고민에 직면했을 때, 그 문제나 고민의 원인을 제거하려고 합니다. 대다수는 '원인이 있고 결과가 있다. 원인이 바뀌지 않는 한 결과, 즉 지금의 상황도 바뀌지 않는다'고 생각합니다.

네, 맞습니다. 확실히 원인을 제거하면 문제가 해결됩니다. 그러나 이를 상식으로 여기는 것은 잘못된 생각입니다.

원인을 제거할 수 없는 문제가 많기 때문입니다. 가족이나 가까운 친구의 죽음으로 인한 고통은 아무리 노력해도 원인을 제거할 수 없습니다.

그러므로 '고통'에 대처하는 방법으로 '원인 제거'를 목표로 하지 마십시오. '원인 제거' 이외의 방법은 없는지, 항상 제3의 가능성을 생각해 보십시오.

원인 제거는 문제의 필요 조건이 아니라 많은 방법의 하나일 뿐입니다. 원인을 제거하지 못하더라도 그로 인해 발생하는 문제와 고민을 줄이거나 없앨 수 있습니다. 구체적인 방법은 5장에서 자세히 설명해 드리겠습니다.

리셋 7
....

'지금 여기'에 집중한다

⬤ **'앞일은 생각하지 마!' — 생존 심리 기술**

2011년 3월 11일에 동일본 대지진이 발생했습니다. 도쿄 대부분의 대중교통이 멈췄고, 귀가 난민의 수가 515만 명에 이르렀습니다. 수많은 사람이 집까지 걸어가야 했습니다. 집에 가는 데 5, 6시간 혹은 그 이상 걸린 사람도 있었습니다. 사이타마까지 5시간 걸려 걸어온 친구 A로부터 흥미로운 이야기를 들었습니다.

회사 동료인 미국인 밥과 집이 같은 방향이어서 함께 걸었다고 합니다. "내일 출근할 수 있을까? 진원지는 어떻게 되었을까?"라고 말하며 불안해하는 A에게 밥이 대답했습니다. "앞일은 생각하지 마!"

밥은 전직 미군이었고 훈련의 하나로 생존 기술을 배웠다고 합니다. 그가 전수한 '생존 심리 기술'은 다음의 말로 집약됩니다.

앞일은 생각하지 마라!

'지금'에 집중하라!

예를 들어, 배가 조난했을 때, '내일은 구조선이 올까?', '얼마 안 가 식량이 바닥날 거야'라는 식으로 앞일을 생각하면 안 된다고 합니다. 앞일을 생각하면 마음만 불안해질 뿐, 아무런 이득도 없기 때문입니다.

구조선이 올지 안 올지 생각한다고 해서 구조선이 올 확률이 높아지지는 않습니다. 오히려 정신력과 체력을 소모할 뿐입니다.

'지금'만 생각하는 것이 불안을 없애는 비결입니다. '지금 무엇을 할까?', '지금 할 수 있는 일이 무엇인 가?' 그리고 '지금은 체력을 소모하지 않도록 쓸데없 는 움직임을 최소화하자'라고 판단하는 것입니다.

귀가 난민이 된 경우도 마찬가지입니다.

'집까지 가는 최단 경로는 무엇인가?'
'물과 음식은 어떻게 할까? 편의점이 있으니 지금 사 두자!'

'지금' 할 일만 생각하면서 불안한 감정을 리셋하는 것이지요. 당시 불안한 마음에 스마트폰으로 진원지 부근의 상황을 검색한 사람이 많았다고 합니다. 하지만 그것을 알아봤자 어찌할 도리는 없습니다. 그보다 지 도 앱을 살피고, 비상 연락을 위해 배터리를 절약하고 한시라도 빨리 귀가하는 것이 무엇보다 중요합니다. 정보는 집에 가서 보면 알 수 있는 이야기입니다.

지금 무엇을 어떻게 할지만 생각합시다. 그럼 막연 한 불안감이 사라지고 차분해질 수 있습니다.

⬤ 걱정거리의 80%는 실제로 일어나지 않는다

타고 있던 전철이 갑자기 멈췄습니다. 멈춘 원인이 불분명하고, 언제 운행을 재개할지도 모르겠습니다. 이럴 때는 누구나 불안해집니다. 이때 '우리 열차는 지금 신호 장애로 잠시 정차 중입니다. 10분 뒤에 운행을 재개할 예정이오니 안심하시기를 바랍니다.'라는 안내 방송이 나오면 불안이 해소되지 않을까요?

고통을 유발하는 가장 큰 이유는 '불안'입니다.

'내일은 어떻게 될까?', '앞으로 어떻게 될까?', '만약 ○○하면 어떡하지?' 이런 정체 모를 불안이 고통으로 연결됩니다.

불안에 관한 흥미로운 연구가 있습니다. 미국 미시간대학교 연구팀에서 실시한 걱정에 관한 연구에 따르면, 걱정거리의 80%는 실제로 일어나지 않는다는 사실이 밝혀졌습니다. 나머지 20% 중 16%는 준비하면 대응할 수 있는 일이었습니다. 즉, 걱정거리에서 단, 4%만이 실제로 일어났습니다.

걱정거리나 불안의 대부분은 단지 '쓸데없는 걱정, 기우'에 지나지 않습니다. 실패를 예감하고 불안을 느끼는 상태를 '예기 불안'이라고 합니다. 예기 불안의 대부분은 실제로 발생하지 않습니다.

예기 불안에 대한 동물 실험의 예가 있습니다.

케이지에 생쥐를 넣고, 버저를 울린 다음 3초 후에 가벼운 전기 충격을 줍니다. 전기 충격 3초 전에는 버저가 울린다는 것을 생쥐에게 학습시킨 후, 버저만 울리고 전기 충격을 가하지 않았습니다. 버저의 빈도를 높이자, 생쥐는 완전히 굳어 움직이지 않게 되었습니다. 버저라는 예기 불안을 주는 것만으로도 전기 충격을 가한 것과 같거나 그 이상의 스트레스를 받은 것입니다.

'일어나지 않을까?'라는 생각만으로 극도의 불안과 그로 인한 스트레스 반응을 유발할 수 있습니다. 불안의 스트레스는 쓸데없는 걱정일 뿐입니다. 엄밀히 말하면, 생각하지 않으면 존재하지 않을 일에 대해서 마음대로 스트레스를 만들어 내고 있다고도 할 수 있습니다.

오키나와 방언 중에 '난토카나루사(なんとかなるさ)'라는 말이 있습니다. 의미는 이렇습니다.

'옳고 참된 일을 하고 있으면 어떻게든 된다'
'사람이 할 수 있는 일을 다 하고 천명을 기다린다'

지금 해야 할 일을 성실히 하고 있으면, 결과는 '어떻게든 된다'라는 뜻이지요. 스페인어 '케 세라 세라(Que sera sera)'에도 이와 비슷한 의미가 담겨 있습니다.

'무엇이든 될 일은 결국 되기 마련이다'
'이루어질 일은 언제든 이루어진다'

지금 할 수 있는 일을 다 했다면, 앞일과 내일을 생각해 봐야 불안감만 들 뿐입니다. 그럴 때는 마음속으로 '어떻게든 될 거야'라고 중얼거려 보세요. '예기 불안'이 리셋되고, 왠지 느긋한 기분이 들지 않나요?

'지금'에 집중해야 불안을 리셋할 수 있다

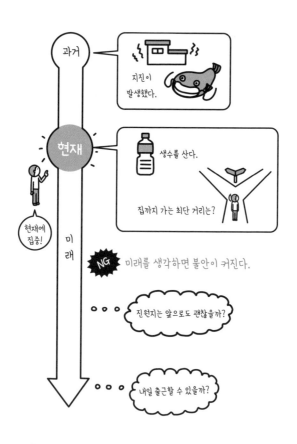

'지금 무엇을 할까?'만 생각한다.

3장

~~~~~~~~~~~~~~

괴로움을
동기 부여로
전환하는
3가지 기술

무기력에 빠지지 않고
일상에서 의욕을 끌어올린다

이 장에서는 괴로움을 의욕으로 바꾸는 방법을

알아보겠습니다. 괴로움이 즐거움으로 대체될 뿐만 아니라,

의욕과 동기 부여로 이어지는 원동력이 될 것입니다.

리셋 1

'마감 시간'을
먼저 정한다

 노숙자에서 억만장자가 된 남자

윌 스미스 주연의 〈행복을 찾아서 The Pursuit of Happyness〉라는
영화가 있습니다. 제가 정말 좋아하는 영화 중 하나로,
특히 비즈니스맨에게 추천하는 베스트 영화 3위 안에
들 것입니다.

의료기기 세일즈맨, 크리스 가드너(윌 스미스)는 필사
적으로 영업을 해도 한 대도 팔리지 않는 냉엄한 현실에

직면합니다. 버거운 생활에 지친 아내도 집을 나가 버립니다. 이 괴로운 상황에서 뭐라도 해야 했던 그는 주식 중개인이 돈을 잘 번다는 말을 듣고 무작정 증권사 인턴십에 지원합니다. 채용에는 성공했지만, 6개월간 무급이라는 규정이 있음을 나중에 알게 됩니다.

그가 가진 돈은 21달러가 전부입니다. 저축도 없습니다. 5살짜리 아들 크리스토퍼를 탁아소에 맡기고, 낮에는 인턴십을 하면서 밤에는 의료기기 세일즈를 합니다. 그러나 밀린 집세 때문에 결국 퇴거당하고, 구호소에서 끼니를 해결하는 빈곤 생활자로 전락하고 맙니다. 잘 곳이 없어 어린 아들을 데리고 공중화장실에서 밤을 지새운 날도 있었습니다.

하지만 크리스는 절대 포기하지 않습니다. 6개월의 인턴 기간이 끝나면, 정규직 채용 시험이 치러지고 우수한 성적을 거둔 소수만이 정규직으로 채용됩니다. 크리스는 기회의 끈을 잡기 위해 매일 자정까지 공부에 전념했습니다. 6개월 후 채용시험 발표 날, 그간 노력의 결과로 크리스는 정규직에 채용됩니다.

증권사에서 승승장구하던 크리스는 이후 독립하여 억만장자가 됩니다. 실존 인물 크리스 가드너의 자서전을 바탕으로 한 작품입니다.

노숙자 신세로 전락했던 크리스가 채용시험에 합격하여 성공 티켓을 거머쥘 수 있었던 이유는 무엇이었을까요?

마감 기한 '6개월', 즉 제한 시간이 설정되어 있었기 때문입니다. 그리고 자신뿐만 아니라 아들을 위해서, 즉 '누군가를 위해서' 필사적으로 노력했기 때문입니다. 이러한 이유야말로 '고통'을 '의욕'으로 바꾸는 기술, 그 자체입니다.

⬤ 여름 방학 숙제를 하루 만에 할 수 있는 이유

개학 전날, 하루 만에 밀린 방학 숙제를 끝낸 적이 있었나요? 개학 전날 혹은 며칠 전에 밀린 방학 숙제를 몰아서 해낸 사람이 많았으리라 생각합니다.

'하루 만에 숙제를 다 해치울 수 있었다면, 방학 첫 날 다 해버려도 되잖아?' 그렇게 생각하더라도 실제로는 할 수 없습니다.

'배수진을 치고 사투를 벌이다, 아버지가 아이를 구하려고 차를 들어 올리다, 궁지에 몰린 쥐가 고양이를 문다' 이는 모두 절박한 상황에서 평상시에는 상상도 못 할 힘을 무의식적으로 발휘하는 것을 말합니다.

한계 상황에 몰린 인간과 동물이 자기 능력 이상의 힘을 발휘한 사례는 셀 수 없이 많습니다. 개학 전날, 시험 전날, 마감 전날 등 다양한 상황에서 여러분도 한 번쯤은 경험해 본 적이 있으시지요?

궁지에 몰렸을 때, 능력 이상의 힘을 발휘하는 것이 가능한 이유는 무엇일까요? 이 역시 뇌 속 물질의 작용으로 설명할 수 있습니다. 우리가 궁지에 몰리면 노르아드레날린과 아드레날린이 분비됩니다. '고통'의 근원 물질로, 원래는 위험한 상태에서 가능한 한 빨리 벗어나기 위해 체력과 정신력을 순식간에 높이는 물질입니다.

노르아드레날린은 집중력을 높이고 뇌 기능을 활성화합니다. 아드레날린은 근력을 향상해 신체 능력을 높입니다. 즉, 인간은 궁지에 몰리면 높은 능력을 발휘할 수 있도록 설계되었습니다. 불이 난 집에서 할머니가 옷장을 메고 탈출했다고 입으로 전해지는 일본의 이야기가 실제로도 가능할 수 있습니다. 괴로운 상황을 적극적으로 활용하면 공부와 일에서 의욕과 효율을 동시에 높일 수 있습니다.

마감 기한을 설정하면 집중력과 의욕이 높아진다

'긴박감과 긴장감이 있으면 일을 더 잘할 수 있다'

여러분도 분명 경험한 적이 있을 것입니다. 저 역시 '편하실 때 집필 부탁합니다'라고 의뢰받은 원고는 왠지 계속 미루게 됩니다. 언제든지 괜찮다고 하면 아무 때나 해도 되니까 발등에 불이 떨어지지 않는 것이죠(웃음).

그래서 기한이 없는 의뢰에는 '이번 달 말까지 쓰겠습니다'라며 스스로 마감일을 정합니다. 원고를 완성하는 것은 늘 마감 이틀 전입니다만(웃음), 집중해서 쓰기 때문에 좋은 문장을 쓸 수 있습니다.

스스로 마감 기한을 정하면 집중력과 의욕이 높아집니다. 여기에는 두 가지 이유가 있습니다. 하나는 발등에 불이 떨어진 상태로 인한 노르아드레날린의 작용입니다. 다른 하나는 '이달 말까지 끝내겠다!'라는 명확한 목표 설정에 따른 도파민의 작용입니다.

덧붙여, 확실한 동기 부여 방법은 단 2가지 밖에 없습니다. '즐거움, 보상, 칭찬을 받기 위해 노력한다 = 쾌락을 추구한다'는 도파민 유형의 동기 부여와 '공포, 불쾌함, 질책을 피하고자 노력한다 = 탈출하기 위해 노력한다'는 노르아드레날린 유형의 동기 부여, 이 두 개뿐입니다.

'마감을 설정한다'는 것만으로도 두 가지 모티베이션을 높이는 뇌 속 물질이 분비되어 의욕이 계속 상승합니다.

'마감 설정'을 업무에 활용할 때는 '1시간 안에 견적서 완성', '오후 3시까지 기획서 완료'와 같이 시간대로 마감을 설정하는 것이 효과적입니다. 이때 스톱워치(또는 타이머)로 시간을 확실히 측정하는 것이 포인트입니다. 스마트폰에는 스톱워치 앱이 있으므로 이를 활용하면 편리합니다.

뇌 과학자인 모테기 겐이치로와 메이지대학교의 사이토 다카시 교수 역시 '스톱워치 작업 기술'을 실천하고 있다고 합니다. 게임 감각을 도입하면 고단함이 재미로 바뀌므로 그런 의미에서도 추천하는 작업 기법입니다.

⬤ 매일 배수진을 칠 수는 없다

마감일을 정하면 집중력이 높아지지만, 날마다 마감이면 그 효과는 희미해집니다. 제 친구 중에 프리랜서 작가가 한 명 있습니다.

원고 한 편당 몇십만 원 정도의 고료를 받기 때문에, 한 달에 10편 이상의 원고를 써야 생계를 유지할 수 있습니다. 날짜로 따지면, 2~3일에 한 번씩 마감에 쫓기는 상태로, 사실 거의 매일 마감 전쟁을 치르고 있는 셈입니다.

이래서는 노르아드레날린의 집중력 향상 효과를 기대할 수 없습니다. 노르아드레날린은 궁지에 몰렸을 때 괴력을 끌어내는 물질이기 때문입니다. 매일 궁지에 몰리면 뇌는 그 상황에 완전히 익숙해집니다.

또한, 매일 분비되다 보면, 노르아드레날린도 결국 고갈됩니다. 의욕이 없고, 집중력도 떨어지는 무기력 상태에 빠지는 것입니다. 이런 상태가 오래 지속되면, 우울증이 됩니다. 그러니 마감일을 정한다 해도 적당히 해야 합니다.

노르아드레날린은 캠퍼 주사(강심제 주사)와 같습니다. 매일 맞으면 효과가 점점 희미해질 뿐입니다.

두 가지 마감 설정의 효과

마감일 설정하기

달력에 표시하는 것만으로도
효과 발동!

마감 시간 설정하기

스톱워치로 일상 업무의
마감 시간을 설정한다.

Point

작은 아이디어로 '동기 부여' & '집중력' UP!

리셋 2

자기 보상
효과를
활용한다

🔘 싫어하는 일에서 의욕을 찾는 요령

'하기 싫은 일을 억지로 하고 있다'

'일에서 보람을 느낄 수 없다'

괴로운 마음을 안고 하루하루 먹고살기 위해 어쩔 수 없이 일할 수밖에 없는 사람도 적지 않으리라 생각합니다.

'내가 하고 싶은 일이 아니야'의 수준을 넘어 '일하기 정말 싫다!'에 도달한 사람도 있을 것입니다. 하기 싫은 일을 맡았을 때, 원하지 않는 일이지만 책임지고 완수해야 할 때, 의욕을 낼 방법은 없을까요? 이 물음에 힌트를 주는 영화가 있습니다.

조지 클루니 주연의 〈인 디 에어Up in the Air〉입니다.

라이언 빙햄(조지 클루니)은 구조 조정을 결정한 고용주를 대신하여 직원들에게 해고를 통보하는 '정리해고 선고인'입니다. 정리해고된 사람들은 절망하고 울음을 터트리며 때로는 선고인을 향해 격렬한 분노를 표출합니다. 해고 통보는 기업 경영인을 포함하여 누구도 원하지 않는, 스트레스가 매우 큰 일입니다.

라이언 역시 마음속으로는 이 일을 좋아하지 않으면서도 매우 높은 수준의 동기 부여를 유지하고, 자기 일에 긍정적으로 임합니다. 그래서 대기업들로부터 동기 부여를 유지하는 방법에 대한 강연을 요청받기도 합니다.

그가 긍정적으로 일하는 비결은 무엇일까요?

바로 '마일리지'입니다. 비행기로 미국 전역의 기업들을 돌아다니며 일하는 그는 마일리지 적립을 자신의 동기 부여 장치로 삼고 있습니다. 천만 마일리지를 모으는 것이 그의 꿈입니다.

일 자체에서 '기쁨'이나 '성취감'을 찾을 수 없기 때문에, 일 외적의 '자기 보상'으로 동기 부여를 유지하는 것이지요. 일 자체가 자신의 '정신적 보상'이 되는 것이 가장 좋지만, 그것이 어렵다면 일과 상관없는 부분에서 보상받는 방법도 효과적입니다.

🔵 자기 보상 '선지급'의 효과

자신에게 보상하면, 힘든 상황에서도 의욕을 낼 수 있습니다. 마치 아이에게 '심부름하면 과자 줄게'라고 말하는 것과 같습니다. '어린애한테나 통할 속임수 같은 방법이 효과가 있겠어?'라며 회의적인 사람도 있을 것입니다. 그런데 이 방법을 슈퍼스타 운동선수가 활용하고 있다면 어떤가요?

　미국 메이저리그에서 맹활약하며 수많은 기록을 남긴 스즈키 이치로 선수는 높은 기록을 달성할 때마다 자신에게 주는 보상으로 시계를 산다고 합니다. 2009년, 9년 연속 200개 안타를 기록했을 때는 프랭크 뮬러 명품 시계를 구입했습니다.

　2006년, 제1회 월드 베이스볼 클래식(WBC)에서 일본 대표팀이 고전을 면치 못하는 가운데, 이치로 선수가 고급 시계를 구입합니다. 그 직후 일본대표팀은 경기에서 이기고, 우승을 차지했습니다.

　이는 '보상의 선지급' 효과를 의미합니다.

　이치로 선수는 우승에 대한 보상을 자신에게 미리 지급함으로써, '반드시 우승해야만 한다!'라고 동기 부여한 것입니다. 항상 의욕이 넘쳐 보이는 이치로 선수 역시 자기 보상을 활용하고 있었다는 사실이 중요 포인트입니다.

고도의 정신력 훈련을 통해, 항상 높은 수준의 모티베이션을 유지하고, 정확한 루틴 관리로 완벽함을 추구해 온 초일류 선수. 그런 그가 오랫동안 이어온 최고의 동기 부여 방법은 '자기 보상'이었습니다.

⬤ 뇌는 '보상'을 매우 좋아한다

'측좌핵'은 뇌에서 동기 부여를 담당하는 기관으로, 보상받으면 흥분합니다. '즐겁다', '기쁘다'의 감정은 물론이고, 직장에서 업무적으로 좋은 성과를 냈을 때, 공부에서 성취감을 느꼈을 때, 타인으로부터 인정·칭찬·사랑을 받을 때 등과 같은 '정신적 보상'이 측좌핵을 흥분시키고, 동기 부여 물질인 도파민 분비를 촉진합니다.

물건이나 금전 등의 물질적 보상도 뇌 속에서는 '기쁘다!'는 정신적 보상으로 대체됩니다. 그래서 자기 보상만으로도 동기 부여가 되는 것입니다.

성공한 사람들은 '보상'을 잘 활용한다

도파민이
팍팍 솟는다!

Q 어떤 보상이 있을까?

A 물질적 보상: 물건과 돈
   정신적 보상: 성취감과 충실감

Point

보상을 주면 뇌는 자발적으로 열심히 한다.

결론적으로, 보상을 주면 뇌는 스스로 알아서 잘합니다. 목표를 달성할 때마다 계속 자신에게 보상하십시오.

다만, 한 가지 유의해야 할 점이 있습니다.

뇌는 매우 탐욕스럽습니다. 앞으로 받을 보상이 전에 받은 보상보다 항상 더 많기를 바랍니다. 보상이 이전과 동일하거나 적으면 도파민이 충분히 분비되지 않습니다.

항상 도파민이 충분히 흐르고, 동기 부여 수준을 높게 유지하기 위해서는 이전보다 더 높은 목표를 설정하고, 이전보다 더 높은 보상을 주는 것이 중요합니다.

리셋 3

소중한 사람을 위해
최선을 다한다

⬤ 누군가를 위해 싸우는 사람들이 강한 이유

"우리들 목숨도 같이 걸어봐! 같은 동료잖아!!"

-만화《ONE PIECE》몽키 D. 루피-

만화《ONE PIECE》(오다 에이이치로, 슈에이샤)에는 동
료를 위해서 목숨 걸고 싸우는 장면이 자주 나옵니다.

절체절명의 위기에 빠져도 '동료를 위해서'라는 마음으로 최선을 다하면, 괴력이 솟아나고 탁월한 능력이 발현되어 결국 적을 물리치는 대역전극이 펼쳐집니다.

이것은 비단, 만화 속 세계만의 이야기가 아닙니다. 올림픽에서 금메달을 딴 선수들, 월드컵에서 활약한 선수들도 인터뷰에서 '동료를 위해서', '팀을 위해서' 최선을 다했다는 말을 공통으로 합니다.

나를 위해서가 아닌, 동료와 팀을 위해서 행동하는 사람은 압도적인 의욕을 발휘합니다. 그래서 고단한 훈련을 이겨내고 월등한 결과를 낼 수 있는 것입니다. 이는 단순한 정신론이 아닌, 뇌 과학으로 설명됩니다.

이타적으로 행동하면 도파민이 분비된다

'나를 위해서, 혹은 돈을 위해서 움직인다'

이처럼 '물질적 보상'을 바라고 행동할 때는 의욕을 높이는 행복 물질, '도파민'이 분비됩니다.

도파민은 목표 달성을 위해 꼭 필요한 물질입니다. 도파민이 분비되지 않으면 의욕과 동기 부여가 지속되지 않고 금방 포기하게 됩니다.

그런데, '동료를 위해서', '팀을 위해서' 행동할 때, 혹은 사회 공헌, 자원봉사 등의 이타적 활동을 할 때는 도파민을 비롯해 또 다른 물질이 뇌 속에서 분비됩니다. 감사할 때 분비되는 물질, '엔도르핀'입니다.

도파민과 엔도르핀은 모두 '재미'와 '기쁨'을 느끼게 하는 행복 물질입니다. 둘이 동시에 분비되면 엔도르핀이 도파민의 도취감을 10~20배 높입니다.

엔도르핀은 모르핀의 6배에 달하는 진통 효과가 있습니다. 모르핀은 극심한 통증으로 고통받는 말기 암 환자에게 쓰이는 강력한 진통제입니다. 엔도르핀은 그보다 훨씬 더 강력한 통증 완화 효과가 있습니다.

참을 수 없을 만큼 고통스럽고 괴로운 상황에 놓였을 때, 엔도르핀이 분비되면 고통이 경감됩니다. 그리고 위기에 빠진 루피처럼 괴력을 발휘할 수 있습니다.

● 자원봉사자들이 활력 넘치는 이유

테레사 수녀는 87세의 나이로 세상을 떠났습니다. 그녀는 80세가 넘은 나이에도 노화를 전혀 느끼지 않았고, 전 세계를 돌아다니며 질병과 빈곤으로 고통받는 사람들을 격려하고 용기를 북돋우는 활동에 열정적이었습니다.

예전에 TV 프로그램에 출연해서, 승려이자 소설가로 유명한 세토우치 자쿠초 씨를 만난 적이 있습니다. 생기발랄한 그녀는 피부에 빛이 났고, 두뇌도 명석했습니다. 정말이지, 활기차고 에너지가 넘치는 사람이었습니다. 비록 대화를 나눈 시간은 짧았지만, 그녀가 뿜어내는 에너지에 놀랄 수밖에 없었지요. 당시 그녀의 나이가 92세라는 게 믿기지 않았습니다.

2011년 동일본 대지진 피해 지역을 여러 차례 방문해서 현지 자원봉사자들로부터 지원 활동의 현황과 전망에 대한 이야기를 들을 기회를 가졌습니다.

현지에서 봉사활동을 하는 사람들은 모두 활기찼으며, 사고방식도 매우 긍정적이고 씩씩한 모습이었습니다. 함께 있는 것만으로도 힘을 얻을 수 있었습니다. 지진 재해 현장이었음에도 불구하고 밝은 분위기와 환한 미소, 넘치는 활력에 매우 놀랐습니다.

자원봉사 혹은 자선 활동, 타인을 위해 활동하는 사람들은 왜 이렇게 활기차고 에너지가 넘칠까요? 이를 가리켜 정신의학적 용어로 '헬퍼스 하이helpers-high'라고 합니다. 도움을 주는 사람들의 기분이 좋아지는 현상을 의미합니다. 봉사활동을 하거나 남에게 도움이 되는 일을 하는 사람은 그렇지 않은 사람에 비해서 매우 활동적이고 텐션도 높은 상태입니다.

메리 메릴 박사의 연구에 따르면, 봉사활동을 하는 사람은 그렇지 않은 사람에 비해 의욕이 높고 활동적인 것으로 나타났습니다. 또한, 강한 성취감과 행복감을 느끼고 있으며 심장질환 이환율이 낮고 평균 수명도 깁니다.

헬퍼스 하이를 느끼는 사람들이 더 건강하고 더 오래 산다고 밝혀진 것이지요. 그 이유는 자원봉사 활동을 통해 엔도르핀이 분비되기 때문으로 추측되고 있습니다.

영국 엑시터대학교 의과대학의 수잔 리처드 박사팀의 연구에 따르면, 자원봉사가 정신 건강 상태를 개선하고 장수로 이어진다고 합니다.

그들은 공표 논문 40건의 데이터를 분석하여 자원봉사 활동을 하는 사람들이 그렇지 않은 사람들보다 사망 위험이 20% 낮다는 과학적 근거를 발견했습니다. 또한, 우울감이 낮고 삶의 만족도와 행복도가 높은 것으로 나타났습니다.

미국 텍사스대학교에서 3,617명을 대상으로 실시한, '정신 건강과 자원봉사 습관 조사'에 따르면, 자원봉사 활동을 하는 사람들은 그렇지 않은 사람들보다 우울 수준이 낮으며, 생활 만족도 및 행복도가 높은 것으로 나타났습니다. 65세 이상에서는 이러한 경향이 더욱 두드러졌습니다.

현재 미국 뉴욕주에서는 많은 정신과 시설에서 우울증 환자들에게 자조 모임*과 같은 봉사 활동을 권장하고 있습니다. 자원봉사는 우울증 치료에도 효과가 있습니다 (*자조 모임: 같은 문제나 고민을 가진 사람들이 모여 체험을 공유하고 정보를 나누는 자발적 모임을 말한다).

'나 자신을 위해서'라는 집착을 버리고 '타인을 위해 공헌하자!'라고 의식하면 고통스러운 감정이 리셋됩니다. 그러면 스트레스에 지지 않는 건강한 몸과 마음 그리고 압도적인 동기 부여와 높은 성과를 발휘할 수 있습니다.

'누군가를 위해 최선을 다한다' — 최강의 동기 부여

나를 위해 노력한다.

    ➜ 동기 부여가 부족하다.

누군가를 위해 노력한다.

    ➜ 최강의 동기 부여가 된다.

Point

누군가를 위해 노력하는 사람은 강하다.

4장

~~~~~~~~~~

악의를 호의로
바꾸고,
인간관계를
개선하는 6가지 방법

주변에 좋은 사람들이 모이는 관계의 기술을 실천한다

사람 '인人'에 사이 '간間'을 쓰고 '인간人間'이라고 합니다.

인간에게 중요한 것 중 하나가 인간관계입니다. 사람은

혼자서는 살 수 없습니다. 인간관계가 나쁘면 삶이 곤궁해지고,

인간관계가 좋으면 삶이 풍요로워집니다. 하지만 쉽지 않은

것이 인간관계지요. 타인과 좋은 관계를 맺기 위해서는 약간의

요령이 필요합니다. 이 장에서는 인간관계를 개선하는 방법에

대해 알아봅시다.

리셋 1

인간관계가 좋으면
일상이 즐거워진다

● **직장 스트레스는 인간관계에서 비롯된다**

우울증을 유발하는 대표적인 원인 중 하나로 직장 스트레스를 꼽습니다. 그런데 단순하게 '직장 스트레스'라고 하기에는 모호한 면이 있습니다. 잦은 야근과 휴일 근무 등 과도한 업무로 인한 과로는 직장 스트레스라고 할 수 있습니다. 또한, 직장 분위기, 적성과 업무의 괴리감에서 오는 불만도 직장 스트레스입니다.

'직장 분위기가 적응하기 힘들다'

'업무가 적성에 맞지 않는다'

'일이 너무 많다'

'내 의견이 반영되지 않고, 시키는 대로만 해야 한다'

'회사는 좋은데, 내가 맡은 업무는 별로다'

우리는 저마다 다양한 업무 스트레스를 안고 살아가고 있습니다. 직장인 스트레스 원인에 관한 조사에 따르면, '직장 스트레스의 90%는 직장 내 인간관계 스트레스'라고 합니다.

이를 반대로 해석해 보면, 인간관계가 긍정적으로 개선될 경우, 대부분의 직장 스트레스가 사라지고 긍정적으로 즐겁게 일할 수 있게 된다는 의미이기도 합니다.

누구에게나 '싫은 사람'이 있기 마련입니다. 그 사람에 대한 악감정을 리셋하는 것은 가능합니다. '싫은 사람'을 '싫지 않은 사람'으로 리셋하는 방법을 알려드리겠습니다.

업무의 질이나 양에 대해서는 불만이 있어도, 공감하며 들어주는 상사, 여러모로 신경 써주는 선배, 진심을 터놓고 이야기할 동료나 후배가 있으면 그것만으로도 스트레스가 상당히 경감되기 마련입니다.

즉, 똑같이 '힘든 업무'라도 직장 내 인간관계가 좋은지, 나쁜지에 따라 일로 인해 받는 스트레스의 정도가 크게 달라집니다.

그 반대도 마찬가지입니다. 예를 들어, 입사 때부터 늘 원해왔던 마케팅 부서로 이동했다고 가정해 봅시다. 오랫동안 원했던 일을 맡게 되었으니 당연히 의욕이 넘칩니다. 그런데 막상 일을 해보니 새로운 상사와 전혀 맞지 않습니다. 모처럼 보람된 일을 하고 있는데도 흥이 나지 않습니다.

아무리 좋아하는 일, 하고 싶었던 업무라도 적대적인 인간관계 속에서 즐겁게 해 내기는 어렵습니다. 일 자체의 좋고 싫음과 상관없이 좋은 인간관계 안에 놓여 있느냐, 아니냐가 문제입니다. 즐겁게 일하기 위해 갖춰야 할 가장 중요한 조건은 좋은 인간관계입니다.

사람은 바꿀 수 없지만,
관계는 바꿀 수 있다

◐ 타인을 바꾸려고 애쓰는 것이 가장 큰 스트레스이다

저는 2014년부터 유튜브에 채널을 개설하여 사람들의 정신 건강 관련 지식과 고민을 상담해 주는 콘텐츠를 업로드하고 있습니다. 매일 50개 이상의 고민과 질문이 올라오는데, 이 중 10건 이상이 '타인을 바꾸고 싶다'에 해당하는 내용입니다.

'배우자의 성격을 바꾸고 싶다'

'아이가 말을 잘 들었으면 좋겠다'

'상사의 위압적인 태도를 고치는 방법을 알고 싶다'

'부하 직원이 열정적으로 업무에 임하도록 만들고 싶다'

'애인이 나에게 관심을 더 기울이게 만들고 싶다'

고민의 대상만 다를 뿐, 하나같이 '타인을 바꾸고 싶다'는 욕구가 근간에 깔려 있습니다. 일단, 대전제로 말씀드리고 싶은 것은 사람의 '성격'과 '인간성'은 쉽게 바뀔 수 있는 부분이 아닙니다.

몇 년에 걸쳐 꾸준히 상담받으면, 다소 달라지는 것처럼 느껴지기도 합니다. 하지만 그만큼 방대한 시간과 본인의 노력이 필요합니다.

스스로 '달라지고 싶다'고 생각하고 노력하는 데도 몇 년이 걸리기 때문입니다. 본인의 변화 의지와 문제의식 없이, '나는 바뀌고 싶지 않다', '나는 전혀 문제없다'고 생각하는 경우는 변화가 거의 불가능하다고 보는 것이 좋습니다.

앞서, 심리학자 에릭 번Eric Byrne의 '당신은 과거와 타인을 바꿀 수 없다'는 명언을 소개했었지요?

그러나 많은 사람이 타인을 변화시키고 싶은 열망을 가지고 있으며, 타인을 변화시키려고 막대한 에너지를 쏟고 있습니다. 그것이야말로, 인간관계 스트레스의 가장 큰 원인입니다.

'타인'을 바꾸려는 시도는 무한 블랙홀에 에너지를 쏟아붓는 것과 같습니다. 변화를 시도하는 사람과 변화의 대상이 되는 사람, 모두에게 엄청난 스트레스와 고통을 야기할 뿐입니다.

● 상대방을 긍정하는 것부터가 관계 개선의 시작이다

인간관계를 바꾸는 첫걸음은 상대방을 긍정하는 것입니다. 그러지 않으면, 소통이 시작되지 않고 상대방의 마음은 닫힌 상태로 지속됩니다.

다음은 제 환자가 실제로 상사에게 들은 말입니다.

"네 생각은 완전히 틀렸어!"

"이 정도는 어린애도 하겠다!"

"너는 정말 구제 불능이야!"

이런 말을 듣고, '네, 이해합니다'라고 답할 사람은 없습니다. 현재 많은 기업에서 공공연히 '인격 부정'이 행해지고 있습니다. 하지만 '일 못하는 사람'이 '인간성이 나쁜 사람'을 의미하지는 않습니다.

일 처리가 느린 사람은 '곰곰이 생각하고 확실히 이해한 후에 행동을 취하는 타입'으로, 단지 그 성향이 지금의 직장 분위기나, 신속한 처리가 우선인 업무에 맞지 않는 것일 수 있습니다. 상대의 약점이나, 성품(나의 상식에서 벗어나는)을 일단 인정해야 비로소 관계 개선의 출발선에 설 수 있습니다.

마음에 들지 않는 상사가 있다고 가정해 봅시다.

'그 사람은 무능하고 인간성도 최악이야, 존경은커녕 말도 섞기 싫어!'라고 생각할 수도 있습니다. 그런데 이상하게도 그런 상사와 잘 지내는 동료도 있습니다.

정말 그 사람의 인간성이 최악이라면 모두에게 거부
당할 것입니다. 애초에 경영진의 신뢰가 없었다면 책
임 있는 자리에 오르지도 못했을 것입니다.

상사에게 "나는 당신이 싫습니다!"라고 대놓고 말하
지 않아도, 그렇게 생각하는 이상, 상대방과 심리적으
로 대등한 관계가 아닙니다. 즉, 같은 링 위에 서 있지
않습니다. 그런 상태라면 어떤 인간관계 기술로도 개
선할 수 없습니다.

상대방을 한 인간으로 긍정하는 것부터 출발해야 건
설적인 소통을 시작할 수 있습니다.

인간관계가 좋은 사람과 그렇지 않은 사람의 차이

타인은 바꿀 수 없다.

인간관계는 변한다.

Point

타인을 바꾸려는 노력은 무의미하다.
관계를 바꾸는 노력을 하자.

리셋 3

첫인상은
선입견이다

⬤ **'궁합'은 단순한 '믿음'이다**

흔히 '궁합이 좋다, 나쁘다'는 이야기를 하곤 합니다. 그런데 저는 궁합이라는 것은 단순한 개인의 추측이거나 선입관이라고 생각합니다.

"우리는 찰떡궁합이에요! 처음 만난 순간, 한눈에 반했고 운명이라고 느꼈습니다!"

서로에 대해 자신하며 교제를 시작한 지 몇 달 만에

결혼한 커플이 있었습니다. '그런 대단한 만남도 있구나'
싶었는데, 1년이 못 되어 결별 소식이 들려왔습니다.
'궁합이 정말 좋다고 했었는데, 무슨 일이 있었어?'라며
당사자에게 묻지는 않았지만, '좋은 궁합, 나쁜 궁합은
도대체 무엇일까?'라는 의문을 가지게 되었습니다.

　얼마 전, 한 부부와 저녁 식사를 함께할 기회가 있었
습니다. 두 사람 모두 40세 무렵에 사내 연애로 시작
해 지금은 결혼 10년 차라고 했습니다. 상당히 다정한
부부였는데, 사실 연애를 시작하기 전에는 두 사람의
관계가 그리 원만한 편은 아니었다고 합니다. 사사건건
의견이 엇갈려서 오히려 몇 년 동안은 서로 싫어하는
사이였습니다. 어느 날, 일을 둘러싸고 두 사람의 견해
가 크게 대립했습니다. 도저히 타협점을 찾을 수 없었
던 두 사람은 그 문제에 대해서 차분히 논의하기로 했
습니다. 속을 터놓고 대화를 나누는 과정에서 상대방
에 대한 인상이 180도 바뀌었고, 점차 매력을 느끼게
되었습니다. 그리고 2년 후, 결혼으로 이어진 것이지
요. 저는 이 부부의 만남이 매우 흥미로웠습니다.

'좋은 궁합'이란, 단순히 '서로 첫눈에 반했다'처럼 피상적인 것입니다. 저는 사실 타고난 궁합은 존재하지 않는다고 생각합니다. 타고난 궁합이 실재한다면, 최고의 궁합을 자랑하던 커플이 단기간에 이혼하는 일은 없을 테지요. 그러니 첫인상이 좋지 않은 사람에 대해서도 이 사람과 나는 합이 맞지 않을 거라고 쉽게 단정하지 마세요.

상대에게 부정적인 꼬리표를 달지 않는 것이 중요합니다. '진솔한 대화를 나눠보지 않는 한, 알 수 없다', '몇 번 더 만나보고 결정하자'라며 판단을 유예해 봅시다. 궁합이란 결국 선입견입니다.

연애 관계라면, '우리는 천생연분이야! 찰떡궁합이야!'라며 들떠도 괜찮지만, 직장 내 인간관계에서는 '저 사람하고 나는 상극이야'라며 주관적으로 추측하고 상대를 일부러 멀리하는 태도에 주의해야 합니다.

이는 인간관계의 폭을 좁히고, 결과적으로 불편한 관계만 늘리게 됩니다.

인간은 자신의 단점이나 결점을 똑바로 마주하기를 꺼리는 심리적 경향이 있습니다. 저 역시 마찬가지입니다. 저는 강연 영상 콘텐츠를 제작하여 배포하고 있습니다. 그러나 제 강연을 동영상으로 다시 보는 일은 거의 없습니다. 네, 맞아요. '민망'하기 때문입니다. 제 말투에서 드러나는 결점이나 버릇에 화가 나고, 부족한 지점이 확연히 보여서 차분히 보고 있기가 힘듭니다.

인간은 타인을 대할 때도 이러한 경향을 보입니다. 자신의 결점이나 약점을 타인에게서 발견하면, 못마땅하고 업신여기게 됩니다.

'동족 혐오'라는 말을 들어 보신 적 있으신가요?

심리학적 용어로는 '투영'이라고 합니다. 인정하고 싶지 않은 자신의 단점을 타인에게 전가하는 마음의 작용입니다. 그래서 자신과 비슷한 사람을 본능적으로 싫어하고 미워하게 되는 경우가 종종 있습니다.

상대를 주의 깊게 관찰하고 속을 터놓고 이야기를 나누어 보니, 자신과 공통점이 많았던 경험이 다들 있으시죠? 앞서 나온, '처음에는 상극이었던 사내 연애 부부'도 이 패턴입니다. 지금은 서로를 가리켜 '나와 닮은 사람'이라고 표현합니다. 닮았기 때문에 첫인상이 좋지 않았고, 상극이라고 느꼈던 것일 수 있습니다.

내가 지금 싫어하고 미워하는 사람은 앞으로도 절대 함께 할 수 없다고 단언할 수 있을까요? 어쩌면 나와 닮은 사람, 나와 공통점이 많은 사람, 나와 비슷한 성향의 사람일지도 모릅니다.

'좋다', '싫다'는 상반된 감정이 아니라, 심리적으로는 동전의 '앞면'과 '뒷면'처럼 '하나'입니다.

뇌는 '유쾌', '불쾌'의 양자택일로만 판단한다

인간은 '좋다, 싫다'로 타인을 판단하는 경향이 있습니다. 여기에는 어떤 메커니즘이 깔려 있을까요?

'유쾌', '불쾌'를 판정하는 기관은 뇌의 편도체입니다. 상당히 본능적이며 즉시 판단합니다. 타인에 대한 호불호뿐만 아니라, 주변에서 일어나는 모든 상황에 대해서도 즉각적으로 '유쾌', '불쾌'를 결정합니다.

'유쾌'라고 판단한 자극에는 '접근'하고, '불쾌'라고 판단한 자극은 '회피'합니다. 음식을 먹고 '맛있다'는 '유쾌' 자극을 받으면 '또 먹고 싶다'고 생각합니다. '맛없다'는 '불쾌' 자극을 받으면 '더 이상 먹고 싶지 않다', '다시는 안 먹어!'라는 반응을 일으킵니다. 뇌의 이러한 판정은 첫 반응(첫인상)에 의해 주로 결정됩니다.

예를 들어, 아이가 당근을 처음 먹었을 때, '쓰다!'라고 느끼면 '불쾌' 자극으로 뇌에 전달됩니다. 그러면 뇌는 '다시는 당근을 먹고 싶지 않아!'라는 감정을 심어줍니다. 이렇게 당근을 싫어하게 된 아이는 아무리 간을 달게 해줘도 강하게 거부합니다.

편도체는 어류에도 존재하는 매우 원시적인 생체 방어 시스템입니다. 생물의 생존 확률을 높이는 데 매우 중요한 역할을 담당합니다.

‘위험한 음식을 다시는 먹지 않는다’

‘위험한 장소에 다시는 가지 않는다’

‘위험한 적을 다시 만나면 즉시 도망친다’

‘불쾌’를 피하는 행동은 위험으로부터 멀어지는 것을 의미하며 결과적으로 생존 확률을 높입니다.

한 심리 실험에 따르면, 첫인상이 90%를 결정하며 나중에 바꾸기는 매우 어렵다고 합니다. 이러한 첫인상의 위력을 가리켜 심리학에서는 ‘초두 효과’라고 합니다. 뇌는 ‘유쾌와 불쾌’, ‘호감과 비호감’ 등의 양자택일로 타인을 초면에 판정하고, 무의식적으로 꼬리표를 붙입니다.

정리하면, ‘비호감’은 뇌의 오류입니다. 상대방의 내면이나 진짜 성격 등을 고려하지 않고, 순식간에 ‘비호감’이라는 꼬리표를 붙인 것입니다. 그런 뇌의 오류를 믿고 인간관계의 범위를 넓히지 못하면, 너무 아깝지 않을까요?

인간관계는 상대를 깊이 알아보는 것에서 시작한다

좀 더!

좀 더!

좀 더!

Point

상대방에 대해서 알아가다 보면
싫어하는 마음이 이해하는 마음으로 바뀐다.

비호감을
호감으로
바꾸는 방법

● '호감', '비호감' 외에 '보통'을 추가하는
삼분법 의식 개혁

미워하는 감정은 무의식적으로 생기기 때문에 미워하지 않으려고 노력해도 없어지지 않는다고 생각하는 사람이 많을 것입니다. '미움'의 감정을 소멸시키는 방법을 알려드릴게요. 간단한 활동을 해봅시다. 직장 동료나 친구, 지인 10명을 생각나는 대로 떠올려 보세요.

그 사람들을 '호감', '비호감'으로 분류해 보세요.

어떻게 나뉘었나요? 가령 '호감 = 7명, 비호감 = 3명', '호감 = 8명, 비호감 = 2명'의 식이 되지요? '호감'과 '비호감'의 양자택일로 판단하면 몇 명은 '비호감'으로 분류됩니다.

자, 그럼 '비호감'으로 분류한 사람들만 떠올려 봅시다. 그들 중 일부는 말도 섞기 싫고, 얼굴도 마주치고 싶지 않은, '매우 비호감'인 사람일 수 있습니다.

그런데 일부는 '하는 행동은 밉상이긴 하지만, 나한테 피해를 준 적은 없다', '딱히 좋아하지는 않지만, 직접적인 이해관계가 없어서 사실 관심 없다'처럼 '정말 싫다', '무조건 밉다'까지는 아닌 사람들도 일정 비율로 존재할 것입니다.

이렇게 '비호감'이라고 할 정도가 아닌 사람은 '보통'으로 재분류해 봅시다. 딱히 좋아하는 타입은 아니더라도 나를 괴롭히거나 피해를 주지 않는다면 '보통'에 두면 됩니다.

타인에 대한 감정을 정할 때, '호감'과 '비호감' 중 하나를 선택하는 대신 '호감', '보통', '비호감'의 세 가지 선택지로 바꾸는 것입니다. 앞서 떠올린 10명을 '호감', '보통', '비호감'으로 다시 분류해 봅시다.

앞서, '호감 = 7명, 비호감 = 3명'이라고 답했다면, '호감 = 7명, 보통 = 2명, 비호감 = 1명'으로 바뀔 수도 있고, '호감 = 8명, 비호감 = 2명'이라고 답한 사람은 '호감 = 8명, 보통 = 1명, 매우 비호감 = 1명'으로 달라질 수도 있습니다. 혹은 '호감 = 8명, 보통 = 2명, 비호감 = 0명'이 될 수도 있겠지요. 좋아할 수는 없지만, 확실히 싫다고 할 정도는 아닌 사람을 '보통'으로 분류하고 나면, 이전에 그 사람을 '비호감 = 싫은 사람'으로 규정하고 있었음을 깨달을 수 있습니다.

어류에도 존재하는 원시적인 뇌, '편도체'는 '유쾌, 불쾌'의 양자택일로 판단합니다. 하지만 우리는 편도체보다 고도로 발달한 '대뇌피질'을 가진 '인간'입니다. 매사를 '본능적 판단'으로만 결정하지 않고, '이성적 판단'과 '논리적 판단'으로 제어할 수 있습니다.

싫은 사람을 줄이는 사고방식

 '호감'과 '비호감' 둘 중 하나 선택

호감	비호감
7명	3명

⬇

 '호감', '보통', '비호감' 셋 중 하나 선택

호감	보통	비호감
7명	2명	1명

Point

'보통'이라는 선택지를 추가해 보자.

● 장점을 찾다 보면 호감이 생겨난다

'싫은 사람을 비방하거나 험담하지 맙시다!'

이는 인간관계를 개선하기 위해 꼭 지켜야 하는 필수 덕목입니다. 술자리에서 직장인들이 삼삼오오 모여 상사나 동료를 욕하는 모습을 볼 때가 있습니다. 강하게 부탁하건데, '험담'은 '혐오감'을 증폭시키므로 자신의 정신 건강을 위해서 이유를 불문하고 무조건 그만두는 것이 좋습니다.

여럿이 모여서, 그 자리에 없는 사람을 험담하다 보면, '이번에 김 과장이 ~했어. 정말 상사로서 최악이야'라는 식이 됩니다. 그렇게 타인의 흠을 잡고, 비난에 동조하는 과정에서 이전에 몰랐던, 혹은 깨닫지 못했던 부정적인 정보가 더해집니다. 그럼, 결점과 태도를 비방하는 말을 더 많이 하게 됩니다.

비난에 힘을 보태고 거들다 보면, 결국 자신이 수렁에 빠지게 됨을 깨달아야 합니다. 언젠가는 그 모든 '증오'가 나에게 부메랑이 되어 돌아옵니다.

험담이나 뒷담화가 스트레스 발산의 수단이라고 생각할 수도 있지만, 길게 보면 주변 인간관계를 진흙탕 속으로 몰고 가는 것과 같습니다. 이는 결과적으로 내 스트레스만 가중될 뿐입니다.

그럴 때는 험담에 동조하는 대신, '은근한 칭찬'을 해 보세요. "김 과장은 상사로서 정말 최악이야!"라는 말에 대해서, "아, 전에 이 과장님한테 들었는데, 김 과장님은 자기 팀원들에 대해서 절대 욕하는 법이 없대…"라며 드러나지 않게 은근히 칭찬하는 것입니다. 음지의 비방 대신 은밀한 칭찬을 선택하는 것이지요. 굳이 진심이 담기지 않아도 됩니다. 칭찬까지는 아니어도, 간접적인 '옹호' 정도로 괜찮습니다.

좋아하지 않는 사람을 칭찬하려고 노력하다 보면, 인간관계가 흥미로운 방식으로 바뀝니다. 만약, 그 사람의 귀에 들어간다면 그 효과가 엄청나겠지만, 그렇지 않더라도 당사자가 없는 자리에서 은밀히 칭찬함으로써 인간관계가 호전됩니다. '칭찬'이 '상대방의 장점 찾기'로 이어지기 때문입니다.

사람은 저마다 좋은 면과 나쁜 면을 모두 가지고 있습니다. 모든 면이 다 좋은 사람은 없습니다. 싫은 사람에게 나쁜 점이 있더라도 좋은 점도 반드시 있을 것입니다. 단점과 장점은 동전의 양면과 같아서 상황에 따라 달라집니다.

예를 들어, '빠르긴 한데, 꼼꼼하지 않고 사소한 실수가 잦다'는 '세세한 것에 집착하지 않고, 대의에 지장 없으면 밀고 나가는 추진력이 있다'고 볼 수도 있습니다. '일일이 확인하고 가르치려는 상사'는 '매사 열심히 하는 열정적인 상사'입니다. 일을 배우는 데는 '무관심한 상사'보다 몇 배 낫습니다.

요컨대, 나쁜 점을 찾다 보면 단점이 많이 발견되고, 상대방이 싫어집니다. 좋은 점을 찾다 보면 장점이 많이 발견되고 상대방을 좋아하게 됩니다. 앞에서 직접 칭찬하는 것이 가장 좋지만, 뒤에서 은밀히 칭찬하거나, 혹은 마음속으로만 칭찬해도 그 사람에 대한 '호감'이 생깁니다.

리셋 5

곤란한 인간관계를
개선하는 심리 기술

⬤ **악의를 호의로 바꾸는 심리 법칙**

상대방을 향한 '악의'를 '호의'로 전환하는 요령이
있듯이, 나에 대한 상대방의 '악의'를 '호의'로 바꾸는
요령도 있습니다. 확실히 매우 어려워 보이지만, 그런
불가능을 가능하게 만드는 방법이 있습니다.

일본의 유명한 전래 동화, '모모타로' 이야기를 들려
드릴게요.

할머니가 강에서 빨래를 하고 있었는데, 커다랗고 탐스러운 복숭아가 둥둥 떠내려오는 것이 아니겠어요? 할머니는 할아버지와 같이 먹으려고 복숭아를 집으로 가져갔습니다. 할아버지가 칼로 복숭아를 갈라보니, 그 속에서 사내아이가 울고 있었습니다. 할머니와 할아버지는 복숭아에서 태어난 아이라는 의미로 '모모타로'라는 이름을 지어주고 정성스레 키웠습니다. 모모타로는 할머니와 할아버지의 사랑을 받으며 멋진 청년으로 성장했지요.

그러던 어느 날, 바다 건너편 섬에서 도깨비들이 횡포를 부리며 사람들을 괴롭히고 있다는 이야기를 듣게 됩니다. 불의를 참지 못하는 성격이었던 모모타로는 도깨비들을 퇴치해야겠다고 결심하고 길을 떠납니다. 할머니와 할아버지는 기장경단을 챙겨주며 모모타로를 배웅했습니다. 여행길에서 처음 만난 개에게 모모타로가 기장경단을 건네자, 개는 그의 동료가 되어 모험에 동행합니다. 그렇게 차례로 만난 원숭이, 꿩에게도 기장경단을 건넸고 그들 역시 도깨비 퇴치단에 합류합니다.

기장경단을 받은 개, 원숭이, 꿩이 모모타로의 동료가 되어 목숨을 건 모험에 동행하기로 결심한 이유가 무엇일까요? 그 이유는 '반보성返報性의 법칙'에 있습니다. 나에게 호의를 베푼 사람에게 호의로 보답하고 싶은 감정이 드는 것을 '호의의 반보성'이라고 합니다. 금전이나 물품과 같은 물질적인 것 외에도 '칭찬', '호의', '선의'와 같은 긍정적인 감정에 대해서도 돌려주고 싶어집니다. 기장경단을 받은 개는 모모타로의 호의에 보답하고 싶은 충동을 느꼈고, 모모타로를 위해 무언가를 해 주기로 결심한 것입니다.

'반보성의 법칙'은 '호의'뿐만 아니라, '악의'에도 적용됩니다. 내가 누군가에게 악의를 품고 미워하면, 상대방도 나에게 악의와 미움을 돌려줍니다. '나는 네가 싫어!'라는 감정을 품고 상대를 대하면, 그 마음이 비언어적 형태로 전달됩니다.

'상대방이 마음에 들지 않아도 말하지 않으면 모를 거야', '겉으로는 상냥하게 대하면 괜찮을 거야'라고 생각할 수도 있습니다.

하지만, 유감스럽게도 그런 눈속임은 오래가지 않습니다. 말로 표현하지 않아도 상대는 진심을 알아차리고 '나도 네가 싫어'를 똑같이 돌려주게 됩니다.

'호의의 반보성'과 '악의의 반보성'을 알면, 상대방에게 호의를 품고 대해야 할지, 악의를 품고 대해야 할지가 명확해집니다. 마음 깊이 숨겨 놓아도 악의는 백해무익할 뿐입니다.

⬤ 진흙탕에 빠진 관계를 회복하는 방법

예전에 저는 치매 전문 병원에서 외래 의사로 일한 적이 있습니다. 치매 외래에는 치매 환자뿐만 아니라, 치매 환자를 간병하는 가족도 상담을 위해 내원합니다. 간병에 저항하거나 흥분하는 치매 환자를 돌보는 것은 상상을 초월할 정도로 괴로운 일입니다. 앞으로 몇 년 동안 계속될지 알 수 없다는 불안감도 클 수 밖에 없습니다.

어느 날, 치매에 걸린 시아버지를 간병하고 있는 여성이 상담을 위해 방문하였습니다. 그녀는 본인의 어려운 상황을 호소했습니다.

"시아버지께서 저에게 욕설을 퍼붓고 폭언도 서슴지 않습니다. 얌전히 간병을 받으시면 어떻게든 해 볼 텐데. 정신적으로도 한계를 느낍니다."

저는 물었습니다.

"혹시 억지로 간병하고 있는 마음이 시아버지께 전해지고 있는 것은 아닐까요?"

그녀는 잠시 말이 없었습니다.

물론, 간병에도 '반보성의 법칙'이 존재합니다. 억지로 보살피는 마음은 간병을 받는 당사자에게 그대로 전해집니다. 그 마음이 간병에 대한 저항, 욕설과 폭언, 흥분과 폭력 등 '악의의 반보성'으로 돌아온 것입니다. 간병인이 진심 어린 밝은 마음으로 돌보면, 간병 받는 사람도 밝은 마음이 되어 기분 좋게 간병을 받아 줍니다.

저는 이렇게 조언했습니다.

"그동안의 원망은 다 잊어버리세요. 만감이 교차하겠지만, 시아버지를 처음 만났다고 생각하고 마음을 비워봅시다. 그렇게 딱 일주일만 밝게 미소 지으며 정성껏 헌신적으로 돌보아 주세요."

그녀는 "그런다고 달라지겠어요? 그건 정말 불가능해요!"라며 부정적인 태도를 보였습니다.

하지만 "딱 일주일만 해 보면 시아버지의 태도가 반드시 바뀔 겁니다."라는 저의 확신에 찬 말에 "선생님께서 그렇게 단언하시니, 어떻게든 해보겠습니다."라고 대답하고 돌아갔습니다.

한 달 후, 다시 내원한 그녀의 얼굴에서는 전에 보이던 음울한 기색이 사라진 상태였습니다. 그녀는 미소 지으며 말했습니다.

"시아버님이 달라졌어요!"

수년 동안 욕설과 폭언이 난무하며 진흙탕에서 허우적거리던 관계가 '호의'의 간병을 한 지 불과 1주일 만에 믿기 힘들 정도로 달라진 것이지요.

시아버지는 욕설과 폭언을 멈췄고, 한층 온화해진 태도로 보살핌을 받았습니다. 그리고 며느리에게 '고 맙다'는 말도 했습니다.

'호의의 반보성'은 매우 보편적인 심리 법칙입니다. 치매로 인해 이해력이 저하된 사람을 포함하여 모든 사람에게 효과가 있습니다.

선행 조건은 내가 먼저 '악의'를 버리고 '호의'를 베 푸는 것입니다. 물론, 말로는 쉬워도 실천하기는 참 어 렵습니다. 진흙탕에 빠진 관계가 되었다는 것은 이미 오랜 시간 서로 '악의'를 주고받으며, 완전히 '악의의 반보성'에 지배된 상태이기 때문입니다.

그런 상황에서 갑자기 '호의와 선의'의 공을 던지려 면 상당한 용기와 결단력이 필요합니다. 그러나 제가 경험한 바에 따르면, '호의의 반보성' 조언을 실천했던 사람들은 모두 성공했습니다. 누구라도 호의의 반보성을 실천하면 진흙탕에 빠진 관계를 쉽게 뒤집을 수 있습 니다.

호의를 베풀면 호의가 돌아온다

호의

Q 반보성의 법칙이란?

A '호의'를 베풀면 '호의'가 돌아오고,
  '악의'를 전하면 '악의'가 돌아오는
  법칙을 말한다.

Point

비결은 내가 먼저 '호의'를 베푸는 것이다!

리셋 6
....

악의를 호의로
바꾸는
최선의 방법

● 의사소통량을 늘려야 관계가 좋아진다

'방법은 알지만 이미 나빠진 관계를 회복하기는 어렵다'

대부분이 이렇게 생각하겠지요. 몇 달 혹은 몇 년에
걸쳐 마음의 골이 깊어지고, 이미 험악해진 인간관계
가 약간의 호의를 베푸는 정도로 회복되지는 않을 것
입니다. 그럼, 어떻게 해야 할까요?

가장 쉬운 방법은 소통의 양을 늘리는 것입니다.

오랜 기간 견원지간이었던 두 사람이 차분히 대화를 나누면서 상대방이 의외로 괜찮은 사람이었음을 깨닫고 결혼까지 이어졌다는 부부 이야기를 기억하시지요?

'미움'은 '회피'로 이어집니다. 편도체가 '싫다'고 꼬리표를 붙이면, '나는 그 사람과 마주치고 싶지도 않고, 말을 섞기도 싫다'는 감정을 유발합니다. 그래서 싫은 사람과는 대화 시간이 압도적으로 줄어듭니다. 그 결과, 상대방에 관한 정보가 부족해지고, 아는 것이 거의 없게 됩니다. 상대방이 어떤 장점을 가졌는지 모르면, '호의'로 전환할 계기를 만들지 못합니다. 상대방에 대한 정보가 충분해야, 그동안 깨닫지 못했던 상대방의 장점과 강점을 발견할 수 있고, 선의의 관계로 전환될 가능성이 커집니다.

같은 이치로 상대방 역시 나의 장점과 매력을 깨닫고 나면, 나에 대한 악의가 호의로 바뀔 가능성이 커집니다. 선의의 관계를 늘릴수록 인생도 잘 풀립니다. 그 첫걸음으로 '소통의 양'을 늘리는 것이 매우 중요합니다.

소통의 양을 늘리는 방법은 그리 복잡하지 않습니다. '인사', '잡담', '경청' 이 세 가지만 잘 해내면 됩니다.

★ 1. 웃는 얼굴로 인사하기

> 사람들이 당신을 좋아하기를 원한다면 모두에게 인사하세요.
>
> 인사만큼 간단하고 쉬운 소통 방법은 없습니다.
>
> −데일 카네기−

인사는 소통의 입구입니다. 인사조차 나누지 않는 사람과 가까워지기는 거의 불가능합니다. 소통은 인사에서 시작됩니다. 심리학적으로 인사는 '나는 당신을 향해 마음을 열고 있다'는 신호이기도 합니다. 그래서 인사가 인간관계의 첫 단계입니다. 누군가와 친해지고 싶다면 제대로 인사합시다.

가능하면 웃는 얼굴로 밝게 인사하세요. 환한 미소로 인사하는 사람을 싫어할 사람은 없습니다. 웃는 얼굴로 인사를 나누는 순간, 서로가 소통의 출발선에 설 수 있습니다.

★ 2. 잡담하기

인사에서 끝나면 소통이 깊어지지 않습니다. 자연스러운 흐름으로 '잡담'이 이어져야 합니다. 잡담은 소통을 쉽게 심화시키는 효과적인 방법입니다. 잡담을 통해 상대방과의 '공통점'을 탐색하는 것이 핵심입니다. 사소한 공통점이라도 있으면, 친밀도가 높아집니다.

'저는 홋카이도 출신이고, 삿포로대학교를 졸업했습니다. 현재 세타가야 구에 살고 있으며, 도큐 덴엔도시선이 지나는 곳이 제 주요 생활권입니다. 제가 가장 좋아하는 음식은 카레입니다. 취미는 영화감상입니다. 저는 홋카이도 닛폰햄 파이터스 야구팀 팬입니다.'

찾으려고만 하면, 그 누구와도 공통점이 있기 마련입니다. 거기서 '공통 화제'를 끌어내면 '맞아, 나도 그래!'라는 '공감'이 생깁니다. 서로의 공통점을 소중히 여기는 대화를 의식적으로 이어가다 보면 꽁꽁 얼어 있던 인간관계도 점차 해빙기를 맞이할 때가 옵니다.

상대방과 내가 모두 좋아하는 교집합, 그 '공통점'을 주제로 이야기를 나누면 불편한 인간관계가 호전됩니다. 자기가 좋아하는 것에 대해 말하는 것은 즐겁기 때문입니다. 일상적인 '즐거움'의 축적이 '악의'를 '호의'로 바꾸는 원동력이 될 것입니다.

★ 3. 경청하기

'귓등으로도 안 듣는다'는 말이 있습니다.

인간은 자기가 싫어하는 사람의 말을 듣지 않는 경향이 있습니다. 만나서 이야기를 들어보려고 마주 앉아 있어도 상대방의 이야기가 오른쪽 귀에서 왼쪽 귀로 빠져나가 버리는 것이지요. 그래서 마음에 새겨지지 않고 들은 체, 만 체하게 됩니다.

중요한 것은 '들으려는 자세'입니다. 주의 깊게 들으면 상대방에 관해 더 많은 정보를 얻을 수 있습니다. 누구나 자기 이야기를 잘 들어주는 사람을 좋아합니다. 누군가 자신의 이야기를 잘 들어주면 '인정 욕구'가 크게 충족되기 때문입니다.

반대는 상대방의 이야기를 흘려듣는 상황이겠지요. 열심히 말하고 있는데 집중해서 듣지 않고 호응도 없으면 부정적인 감정이 강해집니다. '경청하는 자세'를 갖추는 것만으로도 인간관계는 상당히 개선됩니다.

어려운 관계일수록, 호감을 얻고 싶은 강박감과 대화가 끊기면 안 된다는 조바심 때문에 '다음에 어떤 말을 할까?'에 집중하고, 무의식적으로 대화의 주도권을 자기 쪽으로 가져오는 경향이 있습니다.

호의적 관계를 만드는 '말하기'와 '듣기'의 비율은 2:8 정도가 적절합니다. 대화의 주도권을 상대방에게 확실히 넘겨주고, 나는 상대의 이야기에 동조하며 때때로 의견을 첨가합니다. 그럼, 서로 간에 유대감이 생기고 돈독한 관계로 이어집니다. 이는 상담에서 중요하게 여기는 경청의 기술이기도 합니다. 2:8 비율을 강하게 의식해야, 실제로는 3:7이나 4:6의 안정된 균형을 유지할 수 있습니다.

⬤ 주변 사람들로부터 사랑받는 방법

요도가와 나가하루라는 영화 평론가가 있습니다. 예전에 〈목요양화극장〉이라는 일본 TV 프로그램에서 영화 해설을 맡아, 많은 이들에게 영화의 재미를 알린 것으로 유명합니다.

요도가와 씨는 "나는 살면서 싫은 사람을 만나 본 적이 없다."라고 말하곤 했습니다. 제가 대학생일 때 이 말을 처음 들었는데, 그때는 '설마, 싫은 사람이 어떻게 없을 수가 있어?'라며 의구심을 가졌습니다.

하지만 정신건강의학 전문의가 되어 인간관계에 관한 다양한 공부를 하면서, 요도가와 씨의 말을 이해할 수 있었습니다.

그는 일찌감치 사람을 싫어해 봐야 아무런 이득이 없다는 것을 깨달았고, 싫어하는 것을 좋아하는 것으로 바꾸는 방법을 실천해 왔던 것입니다.

저는 아직 요도가와 씨의 경지에 이르지는 못했지만, 어느 정도는 가까워졌다고 생각합니다. 처음 만나는 사람, 만나고 있는 사람 모두에게 먼저 '호의'를 베풉니다. '호의'에는 '호의'를 돌려주고 싶은 것이 인간의 심리입니다. 때로는 '악의'가 돌아오더라도 계속 '호의'를 베풀면, 결국은 반드시 '호의'가 돌아옵니다.

요도가와 씨는 아마도 경험을 통해 이 법칙을 깨달았을 것입니다. 그래서 늘 웃는 얼굴로 사람들과 유쾌하게 소통합니다. 항상 주변에 '호의'의 에너지를 발산하기 때문에 싫어하는 사람을 만날 일이 없는 것이지요.

사람은 바꿀 수 없지만, 관계는 바꿀 수 있습니다. 많은 사람이 인간관계를 어려워합니다, 자신이 먼저 상대에게 '호의'의 공을 던지십시오. 그럼, 머지않아 주변에 당신을 싫어하는 사람이 없어지고, 많은 사람으로부터 사랑받게 될 것입니다.

5장

~~~~~~~~~

격정을 지우고,
고통의 무게를
덜어내는
6가지 방법

일상과 인생을 주도하는 요령을 터득한다

괴로움을 즐거움으로 바꾸는 방법으로도 사라지지 않는 고통,

가벼워지지 않는 근심, 즉 바꿀 수 없는 걱정거리가 분명히 있을

것입니다. 그럼 어떻게 해야 할까요? 그럴 때 유용한 6가지 리셋

기술을 소개합니다.

리셋 1

. . . .

누군가에게
상담한다

● 혼자 고민할수록 고통이 더 커진다

지금까지 다양한 감정 리셋 기술을 소개해 드렸습니다. 감정 리셋 기술을 제대로 활용하면 어떤 부정적인 감정도 소멸시킬 수 있을 뿐만 아니라, 긍정적인 감정으로 전환할 수도 있습니다.

이는 과학적으로도 증명되었습니다. 하지만, 아무리 다양한 방법을 시도해도 사라지지 않는 감정도 있을 것입니다. 자력으로 어찌할 도리가 없는 상황, 원인을 제거할 수 없는 문제도 존재합니다. 그런 경우는 어떻게 하면 좋을까요? 다른 방법은 없을까요?

물론, 있습니다. 첫 번째이자 가장 확실한 방법은 '상담'하는 것입니다. 이 방법에 거부감을 느끼는 사람도 있습니다.

"지금 나는 원인을 제거할 수 없는 괴로움, 피할 수 없는 고통에서 벗어날 방법이 필요한 거야. 남이 해결해 줄 수 없는 일을 이야기한다고 뭐가 달라지겠어?"

심각한 고민을 안고 있는 사람일수록 '상담한다고 상황이 바뀌는 건 아니잖아!', '문제가 해결되는 것도 아닌데 상담이 무슨 의미가 있어?'라며 상담에 회의적인 경향이 있습니다.

친구, 동료, 가족, 그 누구에게도 털어놓지 않고 혼자 고민하는 동안, 문제는 점점 더 심각해지고, '고통'은 더욱더 커집니다. 상황이 걷잡을 수 없이 악화하면, 최악의 경우 자살을 생각하는 사람도 생깁니다. 실제로, 자살까지 가기 전에 누군가와 상담하는 사람의 비율은

40%에 불과합니다. 60%의 사람들이 누구와도 상의하지 않고, 혼자 고통을 감내하다가 어느 날 갑자기 자살에 이르게 됩니다.

죽느냐 사느냐의 심각한 문제임에도 60%의 사람들은 아무에게도 상담하지 않습니다. '따돌림'에 관한 조사에 따르면, 집단 따돌림을 당하고 있는 초·중학생의 40%는 자신의 괴로움에 대해 누구와도 상담하지 않고 참는다고 합니다.

'문제가 심각해서 상담할 수 없다'가 '상담하지 않아서 더 심각해진다'로 이어지고, '고통'을 더 크게 키우는 원인이 됩니다.

⬤ 상담은 문제를 해결하고, 공감을 얻는 최선의 방법이다

상담에는 두 가지 목적이 있습니다. 하나는 문제를 해결하기 위해서입니다. 조언이나 제안을 바라고 상담하는 패턴입니다.

또 하나는 고민을 이해해 주길 바라기 때문입니다. 조언보다 공감을 원하기 때문에 상담하는 패턴입니다.

사례를 한 번 들어 볼게요.

"빚이 눈덩이처럼 불어났어요. 더 이상 돈이 나올 구멍도 없고 절망적입니다. 차라리 죽는 게 나을 것 같아요."

빚을 갚을 방법은 보이지 않는데, 시시때때로 빚 독촉에 시달리는 절박한 상황에 놓인 남자가 있었습니다. 정신적으로 극도의 불안 상태를 보이며 진찰 의자에 5분도 앉아 있기 힘들어하는 상태였습니다.

안절부절못하는 그를 어떻게든 붙잡고 30분 정도 이야기를 들은 후에, "개인 파산 신청은 생각해 보셨나요?"라고 물었습니다. 그는 "제가 파산 신청을 할 수 있나요?"라고 되물었습니다. 그는 '개인파산'이라는 말은 들어봤지만, 자신에게 어차피 해당할 리가 없기 때문에 가능성조차 생각해 본 적이 없었다고 합니다.

일단, 불안 상태와 관련해서 항불안제를 처방했습니다.

그래도 금전 문제는 전문가에게 상담받는 것이 좋을 것 같아서 "국가에서 지원하는 무료 채무 상담을 받아 보시면 어떨까요?"라고 권했습니다.

두 번째 상담일, 그는 얼굴에 밝은 미소를 띠며 나타났습니다. 이야기를 들은 직후, 채무 상담을 받았다고 합니다. 이어 개인 파산 신청이 가능하다는 답변을 듣고 법적 절차를 진행하기로 했습니다. 전에 보였던 불안감이 확실히 사라졌고, 밝은 표정으로 이야기하던 그의 모습이 아직도 생생합니다.

빚에 눌려 소생 가능성이 전혀 없는 절망적인 상태, 그에게는 분명 '바꿀 수 없는 고통'이었습니다. 그러나 제삼자 입장에서 보면 '개인 파산'이라는 해결 방법이 있는 상황이었던 것이지요.

앞서 강조했던 것처럼 '괴로운' 상태에서는 시야 협착에 빠집니다. 따라서 본인은 '바꿀 수 없는 고통', '리셋할 수 없는 괴로움'이라고 느끼고 있어도, 제삼자 입장에서 보면 그렇지 않은 경우가 매우 많습니다.

바꿀 수도, 해결할 수도 없던 괴로움이 전문가와의 상담으로 쉽게 해결된 사례는 셀 수 없이 많습니다.

혼자 고민하지 말고 누군가와 상의합시다. 친구일 수도 있고 가족일 수도 있습니다. 혹은 그 문제의 전문가와 상담하는 것도 좋습니다. 시청과 구청에는 다양한 무료 상담 창구가 있으며, 보건소에서는 무료 건강 상담도 제공하고 있습니다. 고민을 혼자 안고 있으면, '괴로운' 상태가 언제까지고 계속될 뿐입니다.

● 상담하면 속이 후련해지고 감정이 리셋된다

어떤 문제에 대해 누군가와 상담하다 보면, 예상치 못한 해결책을 찾을 때가 많습니다. 그러나 절대 해결할 수 없는 괴로움, 즉 원인을 완전히 제거할 수 없는 고통도 있습니다.

말기 암을 선고받거나, 다니던 직장이 파산하거나, 자녀가 교통사고로 갑자기 사망하는 등 청천벽력 같은 사건이 갑자기 앞에 놓이면, 이루 말할 수 없는 절망감을 느낄 수밖에 없습니다.

그런 불운한 상황 역시, 상담을 받는 것은 의미가 있습니다. 상담을 통해 기분이 한결 가벼워지고 감정이 리셋되기 때문입니다. '고통'이 '기쁨'으로 전환될 정도는 물론 아니지만, 괴로운 마음에 어느 정도의 편안함을 깃들게는 할 수 있습니다.

제 경험상, 초진 환자의 경우는 상담 전과 후의 표정이 확연히 달라집니다. 처음에는 시름에 잠겨 곤궁하고 음울한 표정으로 진찰실에 들어옵니다. 저는 30~60분 동안 가만히 이야기를 듣습니다. 상담이 끝날 무렵, 환자는 긴장감이 완화되어 안도하는 표정으로 바뀝니다. 어떤 이들은 때때로 미소를 짓기도 합니다. 이것이 상담의 효과입니다.

저는 많은 이야기를 하지 않습니다. 상담은 경청에 중점을 둡니다. 편하게 이야기할 수 있는 분위기를 조성하고 그 이후에는 시의적절하게 호응하고 동조하는 정도입니다. 환자는 하고 싶은 말을 해서 속이 후련해지는 것입니다. 친구나 지인과 상담하는 경우도 마찬가지입니다.

1995년 일본 고베 대지진 때, 전문 심리상담가가 아니더라도 자원봉사자와 상담한 이재민 그룹은 그렇지 않은 그룹에 비해 PTSD(외상 후 스트레스 장애) 발병률이 감소했다는 데이터가 있습니다.

마음속에 담아둔 이야기를 입 밖으로 내는 것만으로도, 문제가 해결되지 않아도 확실히 기분이 편안해집니다. 아프고, 힘들고, 괴롭고, 슬프고, 무기력하고, 죽고 싶은 부정적인 감정들이 리셋되는 것입니다.

'상담은 아무 의미가 없다'고 단정 짓고 혼자 끙끙 앓는 것은 크나큰 손해임을 명심합시다.

삶의 고통을 최대한 줄이는 방법

혼자 안고 있으면 근심이 더 커진다.

누군가에게 상담하면 근심이 줄어든다.

Point

내 이야기를 누군가가 들어주는 것만으로도
기분이 개운해진다.

리셋 2

감정을
표현한다

⬤ **감정 아웃풋의 효과**

— '임금님 귀는 당나귀 귀' 심리학

이솝 우화에 '임금님 귀는 당나귀 귀'라는 유명한 이야기가 있습니다.

당나귀처럼 크고 뾰족한 귀가 부끄러웠던 임금님은 늘 귀를 숨기고 있었습니다. 오로지 이발사만 그 비밀을 알고 있었지요. 물론, 비밀 엄수를 맹세했습니다.

하지만 이발사는 임금님의 비밀을 혼자 간직하는 것이 몹시 괴로웠습니다. 너무 말하고 싶었지요. 마침내 그는 깊은 우물 속을 향해서 "임금님 귀는 당나귀 귀!"라고 외칩니다. 그 소리가 우물에서 다른 우물로 전달되더니, 온 나라 우물이란 우물에서 모두 "임금님 귀는 당나귀 귀!"라고 메아리쳤습니다.

여러 가지로 해석할 수 있는 이야기지만, 저는 심리학적으로 이발사가 '우물'을 향해 외쳤다는 점이 흥미롭습니다.

이발사는 자기 이야기를 들어주지 못하는 대상을 향해 외쳤을 뿐인데도, 스트레스가 확 풀리며 시원한 기분을 느꼈습니다. 이는 '표현을 통한 치유' 효과입니다. 누군가 들어주지 않아도 소리 내어 표현하는 것만으로 '아무에게도 말할 수 없다'는 마음의 강박이 해소되고 치유됩니다.

표현하는 것만으로도 감정은 리셋됩니다.

이발사는 왜 우물을 향해 외쳤을까?

이발사가 우물에 대고 '임금님 귀는 당나귀 귀!'라고 외쳤더니 그 소리가 우물을 타고 온 나라에 퍼졌습니다. 저는 우물이 트위터 같다는 생각이 듭니다. 여러분의 생각은 어떠신가요?

트위터는 짧은 문장으로 자기 생각과 아이디어를 표현하는 SNS입니다. 여기에는 치유 효과가 있습니다. 혼자만 간직하고 있던 생각을 털어놓으면 홀가분한 기분을 느낄 수 있기 때문입니다.

트위터를 하는 사람들은 알다시피, 내가 게시한 트윗을 본 사람들의 반응이 있습니다. 대상이 없는 것 같지만 실제로는 있고, 혼잣말 같아도 누군가는 듣고 있는 셈이지요.

'우물'이나 '대나무 숲'에 대고 외치는 것보다, '누군가는 내 말을 듣고(읽고) 있을지도 모른다'는 기대감이 '치유' 효과를 증폭한다고 생각합니다.

주사를 맞을 때, 아이들은 대부분 "아야! 아파!"라며 소리칩니다. 이렇게 '아픔'을 표현하는 것에는 매우 큰 의미가 있습니다. 한 심리 실험이 진행되었습니다.

그룹 A는 '아야, 아파'라고 말하면서 주사를 맞습니다. 그룹 B는 아무 말 하지 않고 꾹 참을 것을 요청받았습니다. 그리고 두 그룹이 느낀 통증 수치를 비교했습니다.

그 결과, 말로 통증을 표현한 A그룹의 통증 수치가 꾹 참은 B그룹에 비해 5분의 1 수준으로 낮았습니다. '아프다'고 표현했더니 '통증' 스트레스가 줄어든 것입니다. 이처럼 현재의 감각이나 감정을 말로 표현하는 것만으로도 '괴로움'을 완화할 수 있습니다.

또 다른 실험을 소개해 드릴게요.

두 개의 케이지에 각각 생쥐를 넣고 가벼운 전기 충격을 가했습니다, 한 케이지에는 생쥐가 분노를 발산할 수 있도록 나무 조각을 넣어주었습니다.

다른 케이지에는 아무것도 넣지 않았습니다. 그리고 다시 같은 횟수의 전기 충격을 가했습니다. 어떤 케이지의 생쥐가 더 스트레스를 받았을까요?

아무것도 주지 않은 생쥐가 분노 발산용 나무 조각을 받은 생쥐보다 더 빨리 쇠약해졌습니다. 분노를 표현하는 것만으로도 스트레스를 줄일 수 있습니다.

⬤ 스트레스가 줄어드는 글쓰기 훈련

바꿀 수 없는 괴로움 중 하나가 말기 암 환자의 고통입니다. 어떤 치료로도 고칠 수 없는 말기 암. 날이 갈수록 악화하고 서서히 다가오는 죽음의 공포. 그 불안과 괴로움은 그 무엇으로도 없애기 어렵습니다.

그러나 이러한 '고통'도 표현을 통해 완화할 수 있습니다. 미국 워싱턴 암 의료 센터 임상의, 낸시 모건은 말기 암 환자들을 대상으로 '글쓰기' 활동을 실시한 결과, 놀라운 성과를 얻었습니다.

20분이라는 정해진 시간 동안, '암이 나를 어떻게 변화시켰는지, 그리고 그 변화에 대한 자신의 생각'을 기술하는 활동입니다.

'글쓰기' 활동에 참여한 사람들의 49%는 '병에 대한 생각이 바뀌었다'고 답했고, 38%는 '현재 상태에 대한 마음이 바뀌었다'고 답했습니다. 특히 젊은 환자와 최근에 암 진단을 받은 환자에게서 높은 효과를 발휘했습니다.

말기 암 환자들이 받는 스트레스는 상상을 초월하지만, 그런 큰 스트레스도 단 20분의 '표현'으로 어느 정도는 완화되는 효과가 있었습니다.

🔘 일기를 쓰면 자기 통찰력이 생긴다

자신의 행위나 생각을 글로 쓰는 자기표현 수단 중 간편한 것이 일기입니다. 많은 사람이 SNS나 블로그에 일기를 올리기도 합니다.

일기를 쓰는 이유는 글을 쓰는 것이 좋기 때문입니다. 그에 더해, 일기를 쓰면 마음이 치유되는 효과가 있기 때문 아닐까요?

하루의 끝에 오늘 있었던 일, 떠오른 생각이나 감상을 적는 일기. 일기를 써본 사람이라면 누구나 알겠지만, 일기장에 글을 적어 내려가다 보면 가슴속의 무언가를 뱉어낸 듯, 마음이 개운해집니다. 이는 일기의 치유 효과입니다. 정신의학 심리 치료 중 하나로 '일기 요법'이 사용된다는 점이 이를 증명합니다. 일기 요법은 불안장애, 우울증, 알코올 중독 및 약물 의존증 환자를 치료하는 목적으로 자주 활용됩니다.

환자가 그날 있었던 일과 느낀 점, 떠오른 생각과 감정 등을 일기장에 써서 주치의에게 제출합니다. 주치의는 환자의 일기를 읽고 코멘트를 적어서 돌려줍니다. 환자와 주치의 사이의 교환 일기 같은 것이지요.

환자는 자기가 행한 행동이나 느낀 감정을 기록하면서 스스로를 바라봅니다. 주치의는 면담 때, 환자의 일기에 적힌 잘못된 사고방식이나 행동에 관해 상담하고, 환자의 자기 통찰과 성찰을 심화시킵니다. 일기 요법은 자기 통찰력을 강화하는 데 매우 유익한 치료법으로 여겨지고 있습니다.

🔵 표현과 성찰을 통한 자기 치유 효과

영화 〈처음 만나는 자유Girl, Interrupted〉에도 '일기 요법'이 등장합니다. 경계성 인격장애를 가진 수잔나(위노나 라이더)는 정신 요양원에 입원합니다. 그녀는 자신의 병을 인정하지 않았고, 치료받고자 하는 의지도 없습니다. 그러나 통제할 수 없는 자기 파괴 충동과 초조함에 시달렸고, 이는 일련의 문제 행동으로 이어집니다.

어느 날 수잔나가 남자 직원과 성관계한 사실을 알게 된 간호사 발레리(우피 골드버그)는 수잔나를 냉탕에 넣습니다. 수잔나는 격분하여 소리칩니다.

"당신이 왜 의사 행세야! 진료 기록에 약물 처방까지 신나게 하고 있잖아! 당신은 고작 간호사일 뿐이라고!"

발레리는 묻습니다.

"그럼 너는 뭐지?"

이에 반박할 말을 잃은 수잔나. 최악의 자신을 직면한 충격에 아무 말도 할 수 없었습니다.

발레리는 수잔나에게 노트 한 권을 건네며 일기를 쓰라고 말합니다. '자기 자신을 좀 더 들여다보라'는 발레리의 메시지로 일기 요법이 시작됩니다.

소설가가 꿈이었던 수잔나는 글쓰기에 재능이 있었고, 일기 요법에 적극적으로 임하게 됩니다. 어디든 일기장을 가지고 다니며 시간이 날 때마다 기록하였지요. 일기 요법을 시작함과 동시에 서서히 자기 통찰력이 눈을 떴고, 자신이 어떤 사람인지 객관적으로 볼 수 있게 됩니다.

일기를 통한 치유. 여기에는 두 가지 중요한 이유가 있습니다. '표현'과 '성찰'을 통한 치유입니다. 일기는 자기 생각을 글로 표현합니다. 글로 쓰는 '표현'은 당연히 말로 하는 표현과 같거나 그 이상의 치유 효과를 기대할 수 있습니다.

글을 쓴다는 것은 자기 내면과 나누는 대화이기도 합니다. 자신의 생각과 감정을 문장화하면서 자기 통찰과 성찰이 깊어지고(자기 마음속을 깊이 살핀다), 객관화할 수 있게 됩니다. 심각한 고민거리도 객관적으로 바라보면 '별일 아니다'라고 생각하게 됩니다. 자신이 시야 협착에 빠져 있었음을 스스로 깨닫게 되는 것입니다.

⬤ SNS 정보 발신은 자기표현과 치유의 수단이다

이 책을 시작할 때, 말씀드린 바와 같이 저는 트위터, 페이스북, 인스타그램, 블로그, 유튜브 등의 SNS를 통해 정신의학, 심리학, 신경과학 관련 정보를 꾸준히 전달하고 있습니다. 제 경험에 근거하여 '우리 모두 인터넷을 사용하여 정보를 발신합시다!'라고 권하고 싶습니다. 가장 큰 이유는 즐겁기 때문입니다.

그에 더해, 정보 전달 행위 자체에는 '치유' 효과가 있습니다.

'정보 발신'을 거창한 일로 생각하는 사람이 많습니다. '정보 발신'은 '자기표현'입니다. 블로그에 일기 쓰기, 트위터에 지금 일어난 일을 트윗하기, 페이스북이나 인스타그램에 오늘 있었던 일을 사진과 함께 게시하기 등은 모두 훌륭한 자기표현입니다.

내 게시글에 한두 명이라도 반응을 보이고 공감해 주면, 그 자체로 매우 기쁜 일입니다. 그것이 고독감을 완화해 줍니다. 나만 보는 일기와 다른 점은 '누군가 봐주고 있다'와 '누군가 읽어주고 있다'에서 오는 기대감이 생긴다는 것입니다.

스트레스를 유발하는 일이 생겼을 때 누군가와 상담하는 것이 가장 좋지만, 내 심각한 고민을 터놓고 말할 수 있는 친구는 의외로 적거나 없을 수 있습니다. 있다 해도, 바로 만나서 상담할 수 있다는 보장이 없습니다.

그럴 때는 SNS에 자신을 힘듦을 토로해 보세요. 무겁고 아픈 마음을 위로해 주는 공감과 댓글로 힘을 얻을 수 있습니다. SNS는 잘 활용하면 '표현'을 통한 치유의 수단이 될 수 있습니다.

일기 쓰기를 추천하면, 시간이 없다거나, 며칠 쓰다가 말게 된다, 혹은 글을 잘 못 써서 힘들다는 이유로 시작을 부담스러워하는 사람이 많습니다.

그래서 저는 3분 만에 할 수 있는 '3줄 긍정 일기'를 추천합니다. 하루를 마치고 잠자리에 들기 전, 오늘 즐거웠던 일 3가지를 쓰는 것이지요. 노트, 수첩, 다이어리 등에 적어도 되고, 트위터, 인스타그램, 페이스북과 같은 SNS에 게시해도 좋습니다. 예를 들어, '오늘의 즐거웠던 일'을 다음과 같이 쓸 수도 있겠지요.

★ <오늘의 3줄 일기>

① 새로 생긴 식당에서 카레를 먹었는데, 정말 맛있었다.

② 내일 마감 예정이었던 서류를 오늘 앞당겨 완성했더니, 자유 시간이 생겼다!

③ 다른 회사로 이직한 동료와 만나 오랜만에 술을 마셨는데, 반갑고 즐거웠다.

각각 한 줄씩 총 3줄이면 됩니다. 생각하고 쓰는 데 3분 이상 걸리지 않습니다. 익숙해지면 1~2분이면 됩니다. '오늘은 별일이 없었는데, 최대로 생각해 봤자 2개 정도…'인 날도 어떻게든 짜내서 반드시 3개를 써 주십시오. 소소한 것도 좋습니다.

① 푸른 하늘을 보니 기분이 좋았다.

② 정시에 퇴근했다.

③ 아무 문제도 일어나지 않은 순조로운 하루를 보냈다.

즐거운 일이 많았던 날은 5개든 10개든 원하는 만큼 적어 주세요. 한 가지를 자세히 쓰고 싶다면 긴 문장으로 써도 됩니다. 꾸준히 계속하는 것이 무엇보다 중요하므로 처음에는 3줄, 3분이면 충분합니다.

'3줄 긍정 일기'는 다음과 같은 효과가 있습니다.

❶ 긍정적 사고가 강화된다.

❷ 자기 통찰력과 성찰력이 발달한다.

❸ 표현을 통한 '치유' 효과가 높아지고 스트레스가 풀린다.

❹ '재미'와 '행복'을 발견하는 능력이 향상한다.

❻ 삶이 기쁘고, 일상이 행복해진다.

'단 3분 만에 가능할까?'라며 의구심이 들 수도 있습니다. 하지만 저는 오랜 시간, 여러 매체를 통해 '3줄 긍정 일기'를 추천해 왔습니다. 그리고 효과를 경험한 수많은 사람으로부터 감사의 메시지를 받고 있습니다.

'3줄 긍정 일기로 일상이 즐거워졌어요!'

'3줄 긍정 일기로 부정적인 생각의 굴레에서 벗어났습니다!'

'꾸준히 쓰다 보니 재미있어서 매일 10줄 이상 쓰고 있어요!'

여러분도 직접 실천해 보면, 반드시 효과를 볼 수 있을 것입니다. 일주일 만에 마음이 싱그러워지고, 한 달이면 압도적인 효과를 자각할 수 있습니다.

● 부정적인 사건을 여러 번 말하면 잊을 수 없게 된다

'부정적인 내용을 써도 되나요?'

3줄 긍정 일기를 권할 때마다, 항상 나오는 질문입니다. '업무에서 실수했다', '상사에게 혼났다', '친구와 싸웠다' 등 힘들고 괴로운, 부정적인 일도 반드시 일어날 것입니다.

하지만 저는 '부정적인 사건'을 이야기하거나 글로 적는 것을 강력히 반대합니다. 2주 동안, 3번 아웃풋(말하기, 쓰기) 하면 기억에 강하게 남습니다. 즉, 잊을 수 없게 됩니다.

예를 들어, 애인에게 버림받은 순간을 낱낱이 이야기할수록 기억력이 강화되고, 그 당시의 슬픔을 잊기 힘들어집니다.

물론, 괴로운 일을 아무에게도 말하지 않고 참는 것도 스트레스가 됩니다. 그러니 부정적인 사건은 단 한 번만 아웃풋 하고 그것으로 끝내 주세요.

일기로 말하면, 먼저 오늘 있었던 아프고 괴롭고 부정적인 일들을 적습니다. 억지로 3개를 채울 필요는 없습니다. 없으면 쓰지 않아도 됩니다. 정말 길게 쓰고 싶다면 양을 제한하지 말고 제대로 길게 쓰면서 다 토해내세요. '쓰고 잊는 것'이 중요합니다. 단, 그 내용을 SNS에 쓰거나 친구에게 이야기하는 것은 엄격히 금지합니다.

부정적인 내용을 쓰고 나면, 그다음에 '즐거운 것 3가지'를 적어 주세요. 즐거운 기분으로 하루를 마무리하는 것이 중요합니다. 긍정적인 일을 먼저 쓰고 부정적인 일을 뒤에 쓰면, 부정적인 생각에 대한 훈련이 된다는 점에 유의하시기를 바랍니다.

'표현'과 '쓰기'에는 엄청난 치유력이 있고, 생각과 감정을 변화시키는 힘이 있습니다. 그 힘을 현명하게 사용하여 부정적인 감정을 리셋하고 긍정적인 감정을 끌어내십시오.

스트레스를 '아웃풋' 하는 방법

스트레스를 받으면 '표현'하는 것이 요령이다!

1 말로 아웃풋 한다

2 글로 아웃풋 한다

SNS로 소통한다

일기를 쓴다

Point

말과 글로 스트레스를 리셋하자!

리셋 3

친구를 사귄다

 함께 할 동료가 있으면 강해진다

'일본에서 가장 인기 있는 만화는 무엇일까요?'

여러분은 무엇을 떠올리셨나요? 누적 판매 부수로 보면,《ONE PIECE》가 세계적으로 5억 부를 돌파했다고 합니다(2022년 기준). 20년 이상 연재되어 폭넓은 세대로부터 지지를 얻고 있습니다. 밀짚모자를 쓴 해적 루피와 동료들의 대모험이 펼쳐집니다.

앞에서도 소개했지만,《ONE PIECE》의 가장 중요한 테마를 한마디로 말하면, 바로 '동료'입니다. '동료'의 소중함, '동료'에 대한 배려, '동료'와의 협력 등이 반복적으로 묘사됩니다. 사실, '동료'가 있다는 사실만으로도 괴로움이 완화될 수 있습니다.

여러분 역시 일상의 경험을 통해 동감하리라 생각합니다. '동료'의 존재는 스트레스 완화에 도움이 됩니다. 이에 관해서는 의학적 데이터로도 증명된 부분이 많습니다. 그중 일부를 소개해 볼게요. 친한 동료들로부터 떨어져 홀로 낯선 환경에 놓였을 때 받는 심리적 스트레스를 관찰하는 동물 실험이 진행되었습니다.

어린 원숭이를 새로운 환경에 홀로 두면 큰 스트레스를 받는 반면, 여러 마리를 함께 모아 둔 경우에는 스트레스 징후가 거의 나타나지 않았다고 합니다.

또한, 놀이 친구와 그루밍 동반자가 많은 개코원숭이가 또래와의 유대가 적은 개코원숭이보다 코르티솔(스트레스 호르몬) 수치가 낮다(=스트레스가 적다)는 데이터도 있습니다.

심근경색과 우울증을 함께 앓고 있는 환자를 연구한 데이터도 있습니다. 이들 환자 중 사회적 지원이 없는 사람이 그렇지 않은 사람에 비해 심근경색으로 사망할 확률이 3~4배 더 높다고 합니다. '나는 동료가 있다', 그 자체로 우리는 든든한 마음이 들고 힘을 얻습니다.

미국 코넬대학교 연구팀은 피험자들에게 사람들이 보는 데서 암산하거나, 관객이 있는 무대 위에서 연설하도록 요청한 후, 스트레스 반응을 관찰했습니다.

그 결과, 관객 중에 자신을 응원해 주는 동료가 있는 피험자는 그렇지 않은 피험자에 비해 침착하고 평온하게 과업을 수행했습니다.

시험 기간에 여대생의 흡연량을 조사한 학술 연구가 진행되었습니다. 친구가 적은 학생은 친구가 많은 학생보다 흡연량이 평균 54% 증가했습니다. 음주량 역시, 고독한 학생은 평균 음주량에 비해 20% 증가한 반면, 친구와 지내는 학생은 17.5% 감소했습니다.

이는 '동료'의 존재가 스트레스 완화에 도움이 되고 있음을 보여줍니다. 생물학적으로 볼 때, '동료가 함께 한다', 즉 동료의 지원을 받을 수 있는 상태가 스트레스를 경감하는 것은 틀림없습니다.

진정한 친구의 도움으로 콤플렉스를 극복하다

83회 아카데미 시상식에서 작품상, 감독상, 남우주연상, 각본상을 휩쓴 〈킹스 스피치The King's Speech〉는 '상담할 수 있는 상대의 필요성'을 보여줍니다.

이 영화는 말을 더듬는 언어 장애로 인해 대중 연설을 기피하던 조지 6세(콜린 퍼스)가 장애를 극복하고 국민의 사랑을 받는 왕이 되기까지의 이야기를 그리고 있습니다.

조지 6세는 자신의 고민에 관해 상담할 사람이 없습니다. 국왕이라는 자리의 무게가 누군가에게 자신의 약점을 털어놓지 못하도록 짓눌렀을 테지요.

그가 마음을 터놓을 수 있는 유일한 상대는 아내 엘리자베스뿐입니다. 그녀는 남편의 정서적 버팀목이 되어 줄 수는 있어도 증세를 치료해 줄 수는 없었기에, 유명한 의사와 전문가들을 찾아 다양한 치료 방법을 시도해 보지만, 전혀 효과가 없었습니다. 마지막 지푸라기라도 잡는 심정으로 찾은 사람이 당시 공인되지 않은 언어 치료사, 라이오넬(제프리 러시)이었습니다.

라이오넬은 다른 치료사들과 달리 조지 6세의 이야기를 진지하게 들어주며 마음을 편안하게 해주었습니다. 서서히 조지 6세의 아픔이 밝혀집니다. 그는 어려서부터 누구에게도 고민을 털어놓지 못하고 괴로워하고 있었습니다. 왕실의 일원이라는 책임감과 중압감, 그 보이지 않는 부담감이 그를 무겁게 짓누르며 자신감을 잃게 하고 말을 더듬게 했던 것입니다. 그 무거운 비밀을 라이오넬에게 털어놓습니다. 자기 공개, 그가 처음으로 마음의 문을 여는 순간입니다.

치료사와 환자로 시작한 두 사람의 관계가 점차 비밀을 털어놓는 '우정'으로 깊어졌기 때문일 것입니다.

조지 6세는 태어나서 처음으로 마음을 털어놓을 수 있는 '친구'를 얻게 됩니다. 그는 자기 공개 이후 라이오넬을 100% 신뢰합니다. 치료에 적극적으로 임하고 마침내는 장애를 극복합니다. 제2차 세계대전의 불안한 정세 속에서 강인한 지도자를 간절히 바랐을 국민들을 향한 조지 6세의 거침없고 당당한 연설은 실로 감동적이었습니다.

말더듬증을 극복할 수 있었던 핵심은 누구에게도 말할 수 없던 마음속을 '공개'할 수 있었기 때문입니다. 비밀을 털어놓을 수 있는 '친구'를 찾았으니까요.

상담할 곳이 없던 그가 라이오넬을 진정한 상담 상대로 인식하고 속내를 밝힌 순간, 수년간 이어온 말더듬증에서 해방된 것은 어찌 보면 당연한 일입니다.

'고통'을 혼자 감내하는 것은 괴로운 일입니다.

누군가의 이해를 받는 것만으로도 괴로움은 가벼워지고 극복하는 계기가 된다는 것을 보여준 훌륭한 영화입니다.

지금 '친한 친구' 세 명을 떠올려 보십시오.

그 세 사람이 모두 직장 동료거나 업무에 관련된 사람이라면 주의가 필요합니다. 퇴사나 이직 경험이 있는 사람이라면, 이 말의 의미를 짐작할 수 있을 것입니다.

매일 대화를 나누고, 퇴근 후에 어울려 술을 마시러 다니던, 소위 '절친'으로 여겼던 동료들이 퇴사와 동시에 연락이 끊기는 차가운 경험을 하게 되는 것이지요. 정신질환을 앓고 있는 환자들도 비슷한 경험을 합니다.

직장 동료들과 깊은 우정을 맺는 것은 진정 멋진 일입니다. 하지만 상사와의 불협화음이나 다른 동료와의 업무적 이해관계, 퇴사 의사, 연봉 문제 혹은 개인사에 대해서도 허심탄회하게 상의할 수 있을까요?

어느 정도는 주저함이 있을 것입니다. 다른 사람이 알면 곤란해지는 심각한 문제일 경우, 직장 동료이기 때문에 상의할 수 없는 딜레마에 빠집니다. 직장 내의 교우 관계는 확실히 중요합니다. 하지만 친구가 직장 동료뿐이라면 고민 상담에 제약이 생깁니다. 따라서 회사나 일터 이외의 커뮤니티에 친구가 얼마나 있는지가 중요합니다.

직장, 학교, 지역사회 외의 모임을 '제3의 모임'으로 분류합니다. 취미 동아리나 학원에서 알게 된 친구일 수도 있고, 스포츠 동호회 동료거나, 단골 술집 혹은 카페에서 가끔 만나는 친구일 수도 있고, 인터넷 커뮤니티나 오프라인 모임에서 알게 된 친구일 수도 있습니다. 이 제3의 모임에서 맺어지는 관계는 매우 중요합니다. 제가 20년 넘게 가까이 지내고 있는 제일 친한 친구들을 꼽자면, 대학교 동창이 1명이고, 그 외는 취미 동호회에서 만난 동료, 즉 '제3의 모임'을 통해 맺어진 사람들입니다.

제3의 모임에서 만난 친구와는 거리낌 없이 대화할 수 있다는 것이 가장 큰 장점입니다. 상대방의 직업이나 직장에 대해 모르는 경우도 많고, 인터넷 동호회에서 만나면 서로의 닉네임을 부르기 때문에 상대방의 본명조차 모르는 경우도 있습니다.

그래서 얕은 관계인가 하면, 절대 그렇지 않습니다. 회사 고민에 관한 이야기를 해도 그 내용이 상사에게 전달될 일이 없기 때문에 오히려 속 편히 털어놓고 여러 가지를 상담할 수 있다는 장점도 있습니다.

친구나 동료는 다양할수록 좋습니다. 직장 동료, 학교 동창들과만 어울리는 편향된 우정을 추구하면 자유를 잃게 됩니다.

요즘은 페이스북, 트위터, 인스타그램과 같은 SNS상에서 취미, 관심사, 출신 지역 등 공통점이 있는 사람들을 쉽게 만날 수 있습니다. SNS는 일과 전혀 상관없는 친구를 사귀기에 매우 유용한 도구라고 생각합니다.

⬤ 고독은 고통을 키운다 ─ 사람과의 인연을 의식하자

괴롭고 힘든 상황에 놓이면 '누구와도 만나고 싶지 않다', '혼자 있고 싶다'는 마음이 강해집니다. 사람을 만나려면 의외로 에너지가 필요합니다.

마음이 괴로우면 에너지가 부족해지고 사람들과 만나고 싶지 않게 됩니다. 사람들과 만나고 싶지 않을 때, 억지로 만날 필요는 없습니다. 상대방에게 신경 쓰고 배려하느라 괜스레 더 지칠 수 있습니다.

다만, '사람과 만나고 싶지 않은' 상태가 길어지는 것은 바람직하지 않습니다. 어느새 고독한 상태에 빠지면서 고통을 홀로 짊어지게 되기 때문입니다. 대화와 상담을 통해 해소할 수 있는 수준의 고통이 걷잡을 수 없는 지경까지 커져 버릴 수 있습니다.

고독과 고립은 고통을 강화하는 증강인자입니다.

이 상태에 빠지면 원래의 고통이 몇 배로 커집니다. 그러므로 사람들을 만나고 싶지 않은 괴로운 상태일지라도 사람들과의 인연을 의식하는 것이 좋습니다.

친구와 동료들에게 자신의 힘든 이야기를 들어달라고 하십시오. 그리고 그들과 함께하는 시간, 그들의 격려와 응원을 소중히 했으면 합니다.

호소다 마모루 감독의 애니메이션 〈썸머 워즈Summer Wars〉에서는 돌아가신 할머니가 남긴 편지 한 통이 절체절명의 위기에 처한 가족을 구합니다. 할머니의 편지 마지막 부분에 이런 말이 나옵니다.

'가장 나쁜 것은 배가 고픈 것과 혼자 있는 것이란다.'

서로 돕고 다 같이 힘을 모으는 것이 중요하다는 것이 〈썸머 워즈〉가 우리에게 전하는 메시지입니다.

힘들 때일수록 고독해지기 쉽습니다. 그러나 고독은 상황을 악화시키는 원인이 됩니다. 동료, 친구, 가족에게 상담하십시오. 소중한 사람들과의 인연을 의식하는 것 자체만으로도 고독, 불안, 두려움과 같은 부정적인 감정을 리셋하고 앞으로 나아갈 용기를 얻을 수 있습니다.

제3의 모임에서 '친구'를 사귀자

제3의 모임에서 '친구'를 찾아 보자.

취미 모임이나 SNS 친구를 사귄다

직장 동료

학교·지역 친구

취미 모임, 팬클럽, SNS 친구

제3의 모임

Point

직장이나 학교에 속해 있지 않은
친구를 한 명 이상 사귀자.

리셋 4 ·

'웃다'
그리고
'울다'

● 표정이 감정을 만든다

행복하기 때문에 웃는 것이 아니다. 웃기 때문에 행복한 것이다.

-심리학자, 윌리엄 제임스-

마음이 힘들면, 괴로운 표정을 짓게 됩니다. 이때 억지로라도 '미소'를 지어 봅시다. 그럼 신기하게도 밝은 기분이 듭니다. 이는 기분 탓이 아닙니다. 행동이 먼저인지, 감정이 먼저인지를 밝히는 심리학 실험에서 행동이 감정에 우선한다는 것이 밝혀졌습니다.

뇌가 즐거움을 감지한 후에 웃는 얼굴이 만들어지는 것이 아니라, 웃는 얼굴이 된 후에 즐거운 감정이 생기는 순으로 신경 활동이 배열됩니다.

지금 한 번 시험해 볼까요?

웃으면서 "난 최악이야!"라고 외쳐 보세요.

왠지 최악의 기분을 느끼기 어려울 것입니다. 말로는 최악이라 표현할 수 있어도, 기분은 '이건 전혀 최악의 느낌이 아닌데?'라며 괜스레 우스워지고 명랑한 기분마저 듭니다.

빙긋이 웃기만 해도 감정을 리셋할 수 있는 이유는 무엇일까요? 미소를 지으면 뇌 속에서 감정을 리셋하는 3가지 물질이 분비됩니다.

첫 번째 물질은 치유를 담당하는 세로토닌입니다. 세로토닌은 표정근(표정을 만드는 얼굴 근육)을 제어합니다.

반대로, '자연스러운 미소'를 지음으로써 세로토닌을 활성화할 수 있습니다.

두 번째 물질은 행복을 담당하는 도파민입니다. 도파민이 분비되면 즐겁고 행복한 기분이 듭니다.

세 번째 물질은 쾌락을 담당하는 엔도르핀입니다. 엔도르핀이 분비되면 감사, 감동, 설렘 등의 행복감이 최고 수준으로 증폭됩니다.

미소는 스트레스 호르몬의 기능을 저하하고, 혈압과 혈당 수치도 낮춥니다. 부교감신경을 활성화해 이완을 유도하는 것이지요. 미소의 감정 리셋 효과는 뇌 과학적으로 입증되었습니다.

뇌과학자 모기 겐이치로는 입꼬리를 올리며 웃는 것만으로 전두엽을 자극해서 사고가 긍정적으로 된다고 말합니다. 웃는 얼굴을 만들면 기분이 밝아질 뿐만 아니라 생각까지 바뀌게 되는 것입니다. 그래서 힘들어도 미소를 지으면, 힘든 감정이 완화됩니다. 반면, 힘들다고 괴로운 표정을 지으면, 기분이 더 우울해집니다.

평소에 웃는 얼굴을 만드는 연습을 해봅시다. 웃는 얼굴은 주변에 사람들을 모으기 마련입니다. 항상 심각한 표정을 짓고 있는 사람에게는 쉽게 다가가기 어려운 법이지요.

아침에 일어나 화장실 거울 앞에 서서 웃는 표정을 지으면, 즐거운 마음으로 하루를 시작할 수 있습니다. 미소는 노력 없이 실천할 수 있는 감정 리셋 방법입니다.

● 미소는 부교감신경을 활성화하는 스위치다

감정을 리셋하는 다양한 방법을 소개하고 있습니다만, 그중에서도 최단 시간 내에 감정을 리셋하는 기술은 바로 '미소'입니다.

미국 캘리포니아대학교에서 진행했던 실험을 소개해 보겠습니다.

피험자에게 '미소', '공포', '분노', 세 가지 표정을 짓게 합니다. 각각의 표정마다 피험자의 심박수, 체온,

피부 전기 신호, 근육 긴장도 등이 어떻게 달라지는지를 거짓말 탐지기 같은 기계로 측정했습니다.

다음에는 피험자에게 표정으로 드러내지 말고 마음속으로만 각각의 경험을 회상하거나 감정을 상기하도록 요청했습니다.

실험 결과, 미소를 지을 때는 안도감을 느낄 때와 동일한 신체적 변화가 단 10초 만에 나타났습니다. 안도감을 느끼면 심박수가 느려지고 근육이 이완되는 편안한 상태가 됩니다. 즉, 미소 짓는 것만으로도 부교감 신경(이완 신경)의 스위치가 켜지고 감정이 리셋되는 것입니다.

경험 회상과 감정 상기에서도 비슷한 변화가 관찰되었지만, 효과가 나타나기까지 '30초'가 걸렸습니다. 표정은 단 '10초'에 가능했는데 말이죠.

미소는 단 10초 만에 감정을 리셋합니다. 미소는 모든 감정 리셋 기술을 통틀어 가장 간단하고 가장 빠르며 가장 효과적입니다. 최강의 감정 리셋 기술은 미소입니다.

하지만 고통, 불안, 초조 등의 부정적인 감정에 지배된 상태에서 빙그레 웃기란 쉽지 않습니다. 그래서 평소에 '빙그레 미소 짓기 훈련'을 하는 것이 중요합니다.

저는 아침에 욕실에서 면도할 때, 거울 앞에 서서 미소 훈련을 합니다. 거울을 볼 때마다 의식적으로 미소 짓는 연습을 하면, 하루에 최소한 서너 번은 미소 훈련을 할 수 있습니다.

⬤ 슬플 땐 울면 된다 ― 눈물은 마음의 고통을 씻어낸다

우는 것을 두려워하지 말라.

눈물이 슬픔에 잠긴 마음을 씻겨줄 것이니.

-아메리카 원주민, 호피족 격언-

'웃음'의 반대는 '울음'입니다. 우는 것으로도 감정을 리셋할 수 있습니다.

동일본 대지진으로 피난소에서 생활하는 이재민들에게 "정말 슬플 때는 참지 말고 우는 편이 정신 건강을 위해 낫습니다."라고 조언합니다.

감정을 억제하고 억누르려고 애쓰면, PTSD(외상 후 스트레스 장애)가 발생할 가능성이 커집니다. 이재민들은 '이렇게 힘들 때, 울고 있을 수만은 없다', '내가 울면 다른 사람이 더 힘들어진다'라며 괴로움과 슬픔을 마음속 깊이 꾹꾹 눌러 담고 봉인하려고 합니다. 하지만 그럴수록 스트레스는 쌓여갑니다.

성인이 되면서 우는 행위를 수치스럽게 여기는 사람도 많습니다. 하지만 정말 울고 싶을 때는 눈물을 흘리며 울어도 괜찮습니다.

울어도 되는 때와 장소를 분별할 필요는 있겠지만, 때로는 약한 소리도 하고 눈물을 흘리는 것이 감정 리셋에 도움이 됩니다.

일본 도호대학교 아리타 히데호 명예교수의 연구를 통해, 눈물을 흘리면서 울면 세로토닌이 활성화한다는 사실이 밝혀졌습니다. 또한, 부교감신경(이완 신경)이 활성화해서 스트레스 발산에도 효과가 있음이 생리학적으로 확인되었습니다.

울고 싶을 때, 눈물을 꾹 참으면 아드레날린 수치가 높아집니다. 이는 교감신경(긴장 신경)이 우위인 스트레스 상태입니다. 눈물을 흘리고 울면 스트레스가 풀리고, 울음을 참으면 스트레스가 쌓이는 원리입니다.

영화를 보고 나서, "영화 진짜 슬프더라. 아까 울 뻔했잖아."라고 말하는 사람들을 볼 때가 있습니다. 감동적인 영화를 보면서 눈물을 참는 것은 스트레스를 쌓는 것과 같습니다. 일부러 돈을 내고 영화를 보면서 스트레스를 받는다니, 왠지 손해 아닐까요?

울고 싶으면 울어도 됩니다.

정말 슬프거나 감동적일 때 눈물을 흘리며 울고, 감정을 드러냅시다. '눈물'은 자신의 감정을 리셋하기 위해 존재합니다.

● 영화를 보고 책을 읽으며 웃고, 그리고 울자

웃음과 울음은 감정을 리셋하는 데 효과적인 행위입니다. 그러니 평소에 많이 웃고, 많이 울면 됩니다. 다만, 그럴만한 상황이 일상에서 흔히 일어나지는 않지요.

저는 쉽게 웃고, 우는 방법으로 영화 감상을 추천합니다. 연극이나 뮤지컬 관람도 좋고, 소설책을 잃는 것도 좋습니다. 매우 사실적으로 연출되는 영화 장면을 보고 있으면, 감정이입이 잘 되고 감정의 변화를 느끼기도 쉽습니다.

영화관은 사람들이 동조하여 함께 웃고 울면서 감정을 표출하는 것이 자연스러운 장소입니다. 게다가 어두워서 타인의 시선을 지나치게 걱정할 필요도 없습니다. 그래도 타인의 시선이 신경 쓰인다면, 집에서 OTT 서비스로 영화를 감상해도 좋습니다.

영화와 연극에는 '치유' 효과가 있습니다. 이를 처음 언급한 사람은 아리스토텔레스입니다. 그의 저서 《시학》에는 '카타르시스'라는 용어가 등장합니다. 그리스

비극을 보면 마음속에 쌓인 침전물 같은 감정이 풀리고 마음이 정화됩니다. 아리스토텔레스는 이러한 '영혼의 정화'를 가리켜 '카타르시스'라고 말합니다.

영화와 연극을 보고 감정이 개운해지는 것이 카타르시스입니다. 감정 표출을 통한 치유를 가리키는 정확한 표현이라고 생각합니다.

'영화나 연극을 감상하고 카타르시스로 치유한다'

감정을 정화하는 방법으로 적극 추천합니다.

⬤ 분노는 자신을 더 아프게 한다

감정 표현에는 웃고 우는 것만 있는 것은 아니지요. 누구나 분노를 느낄 때가 있습니다. 울컥하거나 화가 치밀 때는 참지 말고 화를 내는 편이 좋을까요?

답은 'NO'입니다.

분노는 3대 스트레스 호르몬 중 하나인 아드레날린과 직결되는 특별한 감정입니다. 즉, '분노 = 스트레스'입니다. 화를 내면 낼수록 스트레스가 발산되는 것이 아니라 더 쌓이게 됩니다.

얼마 전 은행에서, 한 고객이 "당신이 일을 제대로 처리했으면, 내가 이렇게 기다리지 않아도 됐을 거 아냐!"라며 창구 직원에게 호통을 치는 장면을 목격했습니다. 직원의 실수 때문인 듯했으나, 다른 고객들에게 들릴 정도로 크게 호통칠 필요가 있었을까요?

'분노'는 상대방을 공격하는 듯해도, 실제로는 자신을 공격하는 것입니다. 아드레날린은 심혈관 활동을 활성화합니다. 운동하는 것도 아닌데, 아드레날린만 분비되면 혈관에 부담을 줍니다.

게다가 교감신경이 우세해지고, 코르티솔과 같은 스트레스 호르몬도 분비됩니다. 화를 잘 내거나 짜증이 심한 사람은 그렇지 않은 사람에 비해 심근경색 위험이 3배 이상 높아진다는 데이터도 있습니다.

화를 내면 낼수록 수명을 단축하는 셈이니, 반드시 주의해야 합니다.

⬤ 가장 쉽게 분노를 가라앉히는 방법

'화를 내면 스트레스가 쌓인다'

'화를 내는 것은 자신을 해치는 것이다'

알고 있어도, 누구나 때때로 발끈할 수 있습니다. 끓어오르는 분노의 온도를 낮추는 가장 단순한 방법은 '심호흡'입니다.

분노 감정이 속에서 밀고 올라올 때는 천천히 3번 심호흡을 하세요. '천천히'의 기준은 한숨에 20초입니다. 5초간 숨을 들이마시고 15초 이상 내쉽니다.

그렇게 3번 심호흡한 후에 외칩니다.

"야, 이 바보야!"

심호흡을 하고 나면, 분노가 어느 정도 누그러지고

냉정을 되찾기 때문에, 굳이 목청 높이고 싶은 의욕이 들지 않습니다. 분노가 한풀 꺾이는 것이지요.

분노를 가라앉히고 기분을 진정시키는 심호흡에는 과학적인 원리가 숨어 있습니다. 분노 감정이 앞서면, 아드레날린이 분비되고 교감신경이 지나치게 우세해집니다. 심호흡으로 부교감신경을 활성화해서 흐트러진 자율신경계의 균형을 즉시 바로잡는 것입니다. 사무실, 도서관, 지하철 등 장소에 구애받지 않는 편리한 방법이기도 합니다.

때때로 "선생님, 저는 심호흡을 해도 분노나 긴장이 가라앉지 않았습니다."라고 말하는 사람들이 있습니다. 이는 심호흡 방법이 잘못된 것입니다. 숨을 빠르게 내쉬거나 얕은 호흡으로 하면 역효과가 납니다.

자율 신경 균형을 맞추는 시간이 필요합니다. 스마트 폰으로 타이머를 재면서 '5초간 천천히 숨을 들이마시고 15초간 더 천천히 숨을 내쉬기'를 3번 반복합니다. 자기감정의 통제자로서 '교감신경 내리고, 부교감신경 올린다'라고 의식하는 것이지요.

더 확실한 방법은 왼쪽 코와 오른쪽 코로 번갈아 숨을 쉬는 '교차 호흡'입니다.

❶ 오른손 들어 엄지를 오른쪽 코, 검지를 왼쪽 코에 댄다.

❷ 오른쪽 코 막고, 왼쪽 코로 5초간 숨을 들이마신다.

❸ 왼쪽 코 막고, 오른쪽 코로 10초간 숨을 내쉰다.

❹ 다시 오른쪽 코로 5초간 숨을 들이마신다.

❺ 오른쪽 코 막고, 왼쪽 코 열어 10초간 숨을 내쉰다.

❻ 이 과정을 5~10분간 반복한다.

숨을 들이마실 때 횡격막이 올라가고, 숨을 내쉴 때 횡격막이 내려가는 모양을 의식하며 해 주세요. 평소에도 꾸준히 수행하면, 흐트러진 자율신경계의 균형을 맞추는 데 효과적입니다.

아침에 잠에서 깼을 때, 혹은 지하철을 기다릴 때 등 일상 틈틈이 해 보시길 추천합니다.

리셋 5

때로는 상황을
그대로 수용한다

⬤ **맹렬히 싸울수록 스트레스가 커진다**

"말기 암입니다. 앞으로 6개월 남았습니다."

갑자기 이런 선고를 받았다면 어떻게 하시겠습니까?
여러 사람에게 물어본 결과, 대체로 두 가지 반응으로
나뉩니다.

하나는 최첨단 암 치료를 받을 수 있는 병원에 가는
것입니다. 확실한 치료 방법에 관한 정보를 알아보고,

서양 의학으로 안 되면 동양 의학, 민간요법 등 모든 치료법을 총동원해서라도 암과 끝까지 싸워내겠다고 말합니다.

다른 하나는 말기 암에 걸렸으니, 어쩔 수 없다며 병을 받아들이는 것입니다. 하고 싶었던 일을 하고 만나고 싶었던 사람들을 만나며, 남은 시간을 의미 있게 쓰고 싶다고 말합니다.

말기 암 환자를 대상으로, 암과 정면으로 맞서 싸운 경우와 싸우지 않고 받아들인 경우 중 어느 쪽이 더 오래 생존했는지를 조사한 대규모 연구가 있었습니다. 결과는 놀라웠습니다. '암과 싸우지 않은 환자'가 '암과 싸운 환자'보다 더 오래 살았다고 합니다.

'싸움'은 큰 스트레스를 유발하고, 코르티솔과 같은 스트레스 호르몬을 분비합니다. 코르티솔은 면역을 억제하기 때문에, 암에 대한 면역력 역시 저하됩니다.

또한, 암세포와 싸우는 주력 부대인 NK^{Natural Killer}세포(자연살해세포)를 사멸시킵니다. 최근 암 연구를 통해,

스트레스가 암 발병 원인 중 하나인 것으로 판명되었습니다. 암이 악화하거나 재발하는 원인에도 스트레스가 들어갑니다.

원인을 없앨 수 있다면, 단시간에 치열하게 싸워서 확실히 제거하는 것이 효과적입니다. 그러나 제거할 수 없는 원인에 대항해 맹렬히 싸우면 스트레스가 증가합니다. 고통이 커지고 더 힘들어지는 것이지요.

절대 바꿀 수 없는 상황이라면, 맞서 싸우기보다 수용하는 것이 어떤 의미에서는 궁극적인 스트레스 대처법이라고 할 수 있습니다.

'어떤 일이든 최선을 다한다'

'포기하지 말고 끝까지 싸운다'

이러한 정신론이 때로는 순전히 '고통'만 키우는 역효과를 낼 수도 있음을 받아들일 필요도 있습니다.

● 체념도 긍정적 선택일 수 있다

'체념'이라는 말을 사전에서 찾아보면, '품었던 생각이나 기대, 희망 등을 아주 버리고 더 이상 기대하지 않음(출처: 고려대 한국어대사전)'이라고 나옵니다. 어쩐지 체념이라는 말에는 '실현될 수 없음을 깨닫고 어릴 적 꿈을 체념했다'처럼 못하니까 그만둔다는 부정적인 이미지가 있는 듯합니다.

체념諦念의 한자 뜻을 보면, 살필 체諦, 생각 념念으로 도리를 살피는 마음을 말합니다. 즉, 본래는 '명확히 한다'는 의미를 담고 있습니다. '할 수 있는지 살펴보고, 할 수 없음을 깨달으면 하지 말라'는 '긍정적 선택'의 행위입니다.

저는 어떤 일이든 포기하지 않고 무조건 최선을 다하는 것을 추천하지 않습니다. 할 수 없는 일에 계속 전념하면 스트레스만 쌓이기 때문입니다. 너무 힘에 부치는 일을 억지로 열심히 하는 것이 좋지 않을 때도 있습니다.

말기 암과 싸우는 것을 포기하고 수용한 사람들이 더 오래 산 이유는 체념의 원리를 제대로 따랐기 때문일지도 모릅니다.

이는 정신과 환자에게도 적용됩니다. 대부분의 정신질환은 장기적인 치료가 필요합니다. 치료 기간은 최소 수개월, 길게는 수년이 걸리지만 환자는 기다리지 못합니다.

"치료 효과는 언제 나타날까요?"

"어떻게 해야 빨리 좋아질 수 있을까요?"

"빨리 낫게 해주세요!"

증세가 빨리 완치되지 않는 것에 대해 조급함을 느끼는 사람들이 많습니다. 증상이 순조롭게 완화되고 있음에도 본인은 치료 목표를 '100점'으로 설정했기 때문에 80점, 90점에는 만족하지 않습니다.

0점 혹은 5점에서 시작했으니 30점에 도달한 것만으로도 객관적으로는 '놀라운 개선'입니다.

하지만 정작 본인은 '괴롭다'는 시야 협착으로 인해 '아직도 100점에 훨씬 못 미친다'라는 뺄셈의 발상을 하게 됩니다.

그러한 환자는 머지않아 병원에 발길을 끊거나(다른 병원으로 가거나), 약이 소용없다며 모처럼 효과가 나타나고 있는 약을 중지해 버립니다. 결과적으로 원점으로 돌아갑니다. 어떤 사람은 0점이나 5점 상태로 되돌아가기도 합니다.

반면, 병원 상담을 꾸준히 받고 호전된 사람들은 대체로 같은 말을 합니다.

"병과 함께 살아가면 되겠네요."

병에 맞서 '투쟁'하기보다 '수용'하는 태도로 선회하는 것입니다. 자신의 증상을 받아들이면 전보다 더 강해집니다. 장기적이며 객관적인 조감도로 볼 수 있게 되므로 다소 증상이 악화할 때도 초조해하지 않습니다.

상태의 변화에 일희일비하지 않고, 차분하게 통원 치료를 이어가며 개선해 갑니다.

질병을 삶의 또 다른 동반자로 여기고 나면, 질병으로 인한 스트레스는 줄어듭니다. 질병과 싸우려고 하면 할수록 질병에 대한 스트레스가 더 커지는 모순이 일어납니다.

병을 받아들이고 '평생 안고 살아가자'는 결심이 그리 쉽게 되는 것은 아닙니다. 하지만 그러한 각오가 되면 병을 극복했다, 진정한 의미로 치유했다고 할 수 있습니다.

이는 피하기 어려운 고민에 대해서도 마찬가지입니다. 바꿀 수 없는 것과 싸우는 것은 더할 수 없는 스트레스이며, 싸울수록 상황은 더 악화해 갑니다.

집념을 내려놓고 고민과 문제를 받아들이는 순간, 고통의 안개가 거짓말처럼 걷히고, 화창하고 청량한 기분을 느낄 수 있습니다.

● 적개심이야말로 '최악의 적'이다

수용하는 것은 싸움을 멈추는 것입니다. 상황에 동요하지 않고 '평상심'을 유지하는 평온함입니다.

반대는 적으로 여기고 분개하는 것입니다. 적개심은 마음을 고단하게 합니다. 적개심이 강하면 스트레스호르몬인 아드레날린과 코르티솔이 분비되기 때문에, 매사 화가 나고 사소한 일에도 짜증이 심해집니다.

다른 사람과 자신을 비교하며 적개심을 더욱 불태우기도 합니다. 이런 성향의 사람은 그렇지 않은 사람에 비해 25~50세 사이에 사망할 확률이 4~5배 더 높습니다.

시시콜콜한 일에 전의를 불태우며 공격적인 언행을 일삼는 사람은 타인만 괴롭히는 것이 아니라, 실제로는 자신을 더 고통스러운 상황으로 몰아넣고 있는 셈이니 주의해야 합니다.

'병을 받아들이자'

'스트레스의 원인을 수용하자'

말은 쉬워도 실제로 행하기는 녹록지 않습니다. 거센 바람처럼 불어 닥치는 스트레스를 정면으로 받아내지 말고, 무심한 듯 힘을 빼고 슬쩍 피하는 회피 기술을 사용하면 어떨까요?

주먹을 꽉 쥐고 10kg의 힘으로 벽을 세게 치면, 마치 벽이 10kg의 힘으로 내 주먹을 때린 것처럼 엄청 아픕니다. 물체 A가 물체 B에 힘을 가하면, 힘을 받은 물체 B 역시 같은 크기의 힘을 반대 방향으로 물체 A에게 가하는 '작용 - 반작용의 법칙' 때문입니다.

가령, 스트레스 지수가 10이라면 대다수는 그에 맞대응하려고 들기 때문에 그만큼의 스트레스가 다시 자신을 덮칩니다. 20, 30으로 스트레스 지수가 계속 올라가면 언젠가는 참을 수 없게 됩니다.

주먹을 꽉 쥐고 10kg의 힘으로 매달린 깃발을 치면 어떨까요? 아무리 힘껏 때려도 깃발만 펄럭일 뿐, 가한 힘은 허공에서 흩어져 버립니다. 돌아오는 통증도 전혀 없지요.

많은 사람이 자신의 스트레스를 심각하게 받아들이고, 어떻게든 없애려 안간힘을 씁니다. 스트레스에 진지하게 대처하고 필사적으로 맞설수록 그만큼의 반작용이 자신에게 돌아옵니다.

그러니 지금부터 우리의 마음을 펄럭이는 깃발처럼 만들어 봅시다.

'글쎄, 뭐 그럴 수도 있지'

'어떻게든 되겠지'

'잠깐 가만히 지켜보자'

이런 식으로 둔감하게 대응합니다. 스트레스를 정면으로 받아내는 것이 아니라, 옆으로 살짝 피하며 유연하게 자신을 지키는 것이지요.

철근 콘크리트 건물과 목조 건물 중에 무엇이 지진에 더 강할까요?

면진 장치가 없는 철근 콘크리트는 지진의 충격을 모두 흡수하기 때문에 튼튼해 보여도 의외로 지진에 약합니다. 목조 건물은 흔들리지요. 그 흔들림으로 지진의 충격을 분산합니다. 내가 친 힘을 공중에 흩뿌리는 깃발처럼 말이죠.

이 원리는 인간관계에도 그대로 적용됩니다. 부정적인 사람의 이야기를 오랜 시간 듣고 있으면 듣는 쪽도 우울해져 버립니다.

진지하고 과민하게 반응하지 말고 어느 정도는 둔감한 마음으로 객관화하면, 상대방의 이야기를 여유 있게 들을 수 있습니다. 저는 정신과 진료에서 환자의 이야기를 들을 때, 이 방법을 사용합니다.

하늘하늘 펄럭이는 깃발처럼 이야기를 받아들이면, 말하는 사람도 부드럽고 편안한 느낌에 감싸여 치유됩니다.

타인과 '대결'하면, 작용과 반작용의 법칙에 의해 스트레스를 고스란히 받게 됩니다. 바람결에 무심히 휘날리는 깃발처럼 대응하세요. 그럼, 타인의 부정적인 감정이 공중에 흩어지면서 상대방을 부드럽게 진정시키고, 나를 보호할 수 있습니다.

⬤ 해초가 되자 – 자신을 보호하는 확실한 생존 기술

제가 권하고 싶은 또 하나의 마인드컨트롤 방법이 있습니다. 일명 '해초가 되자'입니다.

가만히 눈을 감고, 바닷속에서 하늘하늘 흔들리고 있는 해초가 되었다고 상상해 봅시다. 바닷물의 흐름이나 파도의 힘은 상상 이상으로 강합니다. 그러나 해초는 해저에 단단히 뿌리를 내리고 성장합니다.

비결은 파도의 힘을 슬쩍슬쩍 받아넘기는 것이지요. 파도에 맞서 직립 부동으로 버티지 않습니다. 하늘하늘 흔들리는 해초는 튼튼해 보이지 않아도, 사실 그것이 가장 확실한 생존 기술입니다.

힘든 상황, 스트레스 환경은 다반사입니다.

일이나 학업, 인간관계는 당연히 고단합니다. 일일이 진지하게 받아들이고, 맞서 싸울수록 스트레스는 더 커집니다.

'모든 상황을 이기려고 하지 마십시오'

바람을 타고 펄럭이는 깃발 같은 마음, 하늘하늘 춤추는 해초 같은 마음을 상상해 보세요. 그렇게 지금의 상황을 받아들이면서 유연하게 비키다 보면, 서서히 마음도 편안해질 것입니다.

깃발처럼 무심하게 휘날리는 마음 만들기

스트레스나 부정적인 감정은

받아낼수록 힘들어진다.

스트레스나 부정적인 감정은

깃발처럼 받아 흘리면 가벼워진다.

Point

'유연한 마음'이 가장 강하다.

리셋 6

'그만두다'
그리고
'탈출하다'

⬤ **도망치는 것은 패배가 아니다**

중국의 병법서 《손자병법》은 6단계의 전술을 삼십육계로 분류하고 있습니다. 최종 삼십육계로 제시한 궁극의 전략은 무엇일까요?

이는 바로 '도망치는 편이 낫다'입니다. 별의별 전략을 다 써도 승산이 없다면, 일단 도망쳐서 태세를 갖추고 다음 전투를 준비하면 됩니다.

《손자병법》에는 이렇게 기록되어 있습니다.

도망치는 것은 결코 패배가 아니다.

최종에 승리하기 위한 과정일 뿐이다.

터무니없이 막강한 상대임에도 내가 가진 모든 걸 걸고 끝까지 맞서기를 고집하는 것은 지혜가 아닙니다.

지금까지 감정을 리셋하는 다양한 방법을 알려드렸습니다만, 그래도 어찌할 도리가 없다는 결론에 도달했다면 '도망'이라는 전략이 남아 있습니다. 회사 스트레스가 불가피하다면 '퇴사'가 '도망' 전략입니다.

스트레스에 짓눌려 몸이 망가지고, 정신이 피폐해져 우울증에 걸릴 정도라면, 도망쳐야 합니다. 신체적으로나 정신적으로나 건강을 잃으면, 정상적인 생활을 할 수 없습니다. 그것은 자신을 사지로 모는 것과 같습니다.

멀리 봅시다. 인생은 깁니다. 도망쳐서 다시 전열을 가다듬으면 됩니다. 그래도 괜찮습니다.

관두는 선택지가 있음을 깨달으면 주도권을 쥘 수 있다

'그만두겠다'고 결심하는 것과 실제로 '그만둔다'의 사이에는 큰 차이가 있습니다. 제가 말하고 싶은 것은 "지금 당장 그만두세요!"가 아닙니다. 우선, '그만둔다'는 선택지를 생각해 보자는 것입니다. 실제로 그만둘지 말지는 그다음입니다.

괴로운 상태에 놓인 사람은 '끝이 보이지 않는 터널에 갇혔다'는 느낌에 지배됩니다. '고통스러운' 상황이 영원히 계속될 거라는 불안과 공포에 빠지는 것이지요.

직장에서 힘든 시간을 보내고 있는 사람은 사직서를 제출하고 퇴사하면, 그 고통에서 해방될 수 있습니다. 주도권은 사직서를 제출할 '자신'에게 있습니다.

아무리 고통스러워도 '퇴사'라는 선택지를 고려하지 않는 사람이 많습니다.

'일을 그만두면 먹고 살길이 막막하다'

'부양해야 할 가족이 있고, 대출을 갚아야 한다'

절대로 일을 그만둘 수 없는 이유가 있기 때문이지요. 상황이 이러니 후퇴할 수도, 탈출할 수도 없습니다. 끝이 보이지 않는 터널에 갇힌 것 같은 강렬한 감각에 지배당하고 맙니다. 그 생각이 현실의 고통을 몇 배로 증폭시킵니다.

'죽을 만큼 괴롭지만, 회사를 그만둘 수가 없다'

이런 한계 상태가 몇 년이나 계속되면 '자살'을 생각하는 것도 이상하지 않습니다. 그래서 '회사를 그만둔다'는 선택지를 염두에 두어야 합니다.

'정말 괴롭다. 더 이상 버틸 수 없으면 사표를 내자!'

그렇게 결심하는 순간, '고통'에 마침표를 찍을 수 있는 선택지가 있음을 깨닫게 됩니다. '끝이 보이지 않는 터널' 같은 느낌이 사라지고, 감정이 리셋되며, 거짓말처럼 '편안'해집니다.

'이런 회사는 당장 그만두고 싶어!'라는 괴로운 마음
으로 가득 찬 사람은 회사의 나쁜 점을 찾아냅니다.

'월급이 적고 초과근무수당이 없다'

'근무 시간이 길고, 업무가 많다'

'상사가 힘들게 한다'

'내가 원하던 일이 아니다'

하지만 회사를 '그만두기'로 결정하는 순간, 관점이
달라집니다. 회사를 그만두면 잃게 될 것들이 보입니다.

'월급은 적지만, 그만두면 0원이다'

'해외 출장 기회가 있다'

'상사와는 맞지 않지만, 좋은 동료들이 있다'

'출퇴근 거리가 가깝고, 회사 주변 환경이 좋다'

'업무에 익숙해졌다'

'그만두기'로 결정함으로써 '단점 찾기'에서 '장점 찾기'로 관점이 바뀌는 것이지요.

애인이 결별을 선언했다고 가정해 봅시다. 사귀는 동안에는 시시콜콜한 일로 번번이 싸우곤 했습니다. 하지만 '이별'을 실감하는 순간, 함께 잘 지내던 시절의 추억이 되살아나거나 상대방의 장점이 눈에 들어온 경험을 해 본 적이 있나요? 이러한 현상도 마찬가지입니다.

인간은 대상과의 거리가 너무 가까우면 '단점'과 '결점'만 보입니다. 대상과의 거리가 조금 멀어지면 '장점'과 '강점'이 눈에 들어옵니다. 즉, 대상과 약간의 거리를 두면 상황이 객관적으로 보이는 '조감도'가 되는 것입니다.

어쩔 도리가 없다면 그냥 멈추십시오.

도망쳐도 됩니다.

마지막 '히든카드'를 자신이 들고 있음을 인지하면 전보다 편안해질 수 있습니다.

6장

궁극의
고통
해소법

충실한 일상을 만드는 기본 생활 수칙을 지킨다

지금까지 '괴로움'을 '즐거움'으로 바꾸는 다양한 방법을

알아봤습니다. 마지막으로 궁극의 고통을 해소하는 방법을

이야기하고자 합니다. 각종 불안과 근심에 대처할 수 있는

효과적인 방법이자 기본적인 생활 수칙이라고 할 수 있습니다.

감정 리셋 기술을 최대한 활용하기 위해 무엇을 해야 하는지

구체적으로 알아봅시다.

리셋 1

잠을
충분히 잔다

● 자연치유력을 끌어내는 궁극의 방법

우리 몸은 '자연치유력'을 갖추고 있습니다. 약간의
스트레스가 가해져도 자력으로 자연스레 회복할 수
있습니다. 다만, 자연치유력을 활성화하는 최소한의
조건이 필요합니다.

'수면', '운동', '휴식' 이 세 가지가 균형 있게 유지되
어야 합니다. 이 조건만 충족되면, 약간의 스트레스가

가해져도 자연스럽게 회복되며 심신이 손상되지 않습니다. 자연치유력은 몸과 마음을 원래의 상태로 되돌리는 '리셋력'이라고도 할 수 있습니다.

그러나 바쁜 현대인들은 리셋력의 중요성을 간과하는 경향이 있습니다. 과도한 업무나 학업으로 인해 바쁘거나, 늦은 시간까지 외부 활동이 이어지면, '수면' 시간이 부족하고, '휴식'을 취할 틈이 없으며, '운동'할 여유도 없어집니다. 점차 자연치유력을 발휘할 수 없는 상황에 빠지게 되는 것이지요.

예를 들어, 하루에 4시간밖에 못 자는 상황이라면, 육체적, 정신적 피로가 회복되지 않기 때문에 앞에서 제시했던 감정 리셋 기술들을 아무리 시도해도 충분한 효과를 거두지 못할 수도 있습니다. 그러다 보면, 힘든 상황으로부터의 탈출이 불가능할 수도 있습니다.

'수면', '운동', '휴식'은 단순히 육체적, 정신적 피로만 풀기 위한 것이 아닙니다. 감정을 리셋하는 중요한 요소임을 인지합시다. 아무리 바빠도 '수면', '운동', '휴식'을 최우선으로 확보해야 합니다.

● '수면'은 마음의 건강 지표

"잠은 잘 주무시나요?"

이 간단한 질문으로 정신 건강 상태를 바로 알 수 있습니다. '푹 자고 있다', '매일 아침 상쾌하게 일어난다'라고 대답할 수 있다면, 걱정하지 않아도 됩니다.

반면, '쉽게 잠을 이루지 못한다', '푹 자지 못하고, 중간중간 자주 깬다', '7~8시간은 자는 것 같은데, 피로가 풀리지 않는다' 이런 상황이라면 주의해야 합니다.

대부분의 정신질환에서 증상이 진행되거나 악화하면 '수면 장애'가 일어납니다. 수면 장애는 정신과를 찾는 환자들에게서 볼 수 있는 가장 흔한 증상입니다. 정신질환이 호전되면 수면 장애도 함께 개선됩니다.

따라서 '수면'은 정신질환 증상의 악화 혹은 개선 지표로서 특히 중요한 의미를 가집니다. 잠을 잘 자면 '우울증'에 걸리지 않습니다. 양질의 수면은 정신질환을 예방합니다.

일본 후생노동성은 20세 이상의 남녀, 약 2만 5천 명을 대상으로 우울증과 수면의 관계를 조사했습니다. 수면 시간별로 우울 상태의 비율을 비교했더니, 평소 7시간 이상 8시간 미만으로 수면을 취한 사람들의 '우울 상태' 비율이 가장 낮았습니다.

이에 비해, 수면 시간이 5시간 미만인 사람들은 47.9%, 10시간 이상 수면을 취하는 사람들은 50.2%가 우울 상태인 것으로 나타났습니다. 수면이 부족하거나 장시간 수면을 취하는 사람에게서 매우 높은 확률로 우울 상태를 보인 것이지요.

'요즘 잠이 오지 않는다'고 인지할 정도라면, 스트레스가 누적되어 몸과 마음의 균형이 무너지기 시작했다는 신호입니다.

수면 부족은 '마음의 위험 신호'입니다. 정신적인 건강 상태를 나타내는 지표이며, 정신적인 부진의 '원인'이자 '결과'이기도 합니다. 수면 부족은 스트레스를 증가시킵니다. 반대로 고통을 줄이는 가장 쉬운 방법은 잠을 충분히 자는 것입니다.

● 과로사의 원인은 수면 부족

'과로사'란 잦은 야근과 휴일 근무 등 쉴 틈이 없을 정도로 바쁘게 일하던 사람이 어느 날 갑자기 심근경색이나 뇌졸중으로 사망하는 것을 말합니다. 누적된 피로가 과로사의 직접적인 원인이라고 생각하는 사람들도 있는데, 그렇지 않습니다.

연구에 따르면, 과로사의 원인이 되는 심근경색과 뇌졸중의 발병률은 업무량이나 어려움에 비례하는 것이 아니라, '짧은 수면 시간'과 관계있는 것으로 나타났습니다.

주당 40시간 외 초과근무가 없는 사람들의 평균 수면 시간은 7.3시간입니다. 반면, 초과근무 시간이 한 달에 80시간, 즉 하루 3.5시간의 야근을 하는 사람은 평균 수면 시간이 6시간 미만으로 줄어듭니다. 초과근무 시간이 월 100시간, 즉 하루 4.5시간의 야근을 지속하고 있다면 수면 시간은 5시간에 불과합니다.

100만 명 이상을 대상으로 실시한, 수면 시간과 사망률에 관한 대규모 조사에 따르면, 하루 6.5~7.5시간 수면을 취한 사람들의 사망률이 가장 낮았습니다.

이보다 수면 시간이 짧거나 길면 사망률이 높아지는 것으로 나타났습니다. 또한, 하루 수면 시간이 6시간 미만인 사람은 6~8시간 수면을 취하는 사람에 비해 젊은 나이에 사망할 확률이 12% 더 높았습니다.

수면 부족은 수명을 깎는 것과 같습니다. 인간의 신체는 수면 중에 부교감신경이 활성화하여 전신의 장기와 세포를 '복구'합니다. 이러한 '복구'가 없으면 각종 질병에 노출될 위험이 커집니다.

불면과 부족한 수면 시간으로 인해 복구 메커니즘이 제대로 작동하지 못하고 심혈관계 질환의 위험을 키우는 것입니다. 반면, 일이 많고 힘들어도 잠을 제대로 자면, 정신적으로나 육체적으로 건강을 유지할 수 있습니다. 열심히 일하기 위해서라도 '양질의 충분한 수면 시간 확보'가 필수입니다.

참고로, 장시간 수면을 취하는 사람의 사망률이 높아지는 이유는 무엇일까요? 이는 '운동 부족'이 원인으로 여겨지고 있습니다. 잠을 자는 시간이 길다는 것은 낮에 누워 있는 시간이 길다는 의미이고, 그만큼 활동 시간이 줄어듭니다. 수면 시간은 너무 짧아도, 너무 길어도 좋지 않습니다.

🌑 적절한 수면시간을 반드시 지킨다

건강한 몸과 마음을 유지하려면 하루 몇 시간을 자는 것이 좋을까요? OECD 회원국 사람들의 평균 수면 시간은 8시간 22분이라고 합니다. 여러분은 하루에 몇 시간 주무시나요?

앞서 소개한 '수면 시간과 우울증 및 사망률의 상관관계'를 조사한 연구 결과나 기타 연구 결과들을 고려했을 때, 7시간 30분~8시간을 건강한 수면 시간으로 권장합니다.

저는 적어도 7시간의 수면 시간을 반드시 확보하기를 권합니다. 6시간 이하로 줄어들면 건강 상태가 나빠지기 때문입니다.

다만, 수면에는 개인차가 있다 보니, 적절한 수면 시간을 일률적으로 적용하기는 어렵습니다. 또한, 수면은 양(수면 시간)뿐만 아니라 질(수면 깊이)도 중요합니다. 그래서 양질의 수면을 판단하는 기준은 몇 시간을 잤는지 보다, '숙면감(깊은 잠을 잔 느낌)'을 중요하게 보고 있습니다.

'숙면감'은 아침에 잠에서 깨어났을 때 '아, 푹 잤다', '기분 좋게 잘 잤다', '편안하게 잘 잤다'는 느낌을 말합니다.

아침에 일어났더니 어제의 피로가 풀려있고, "개운하게 잘 잤다! 오늘 하루도 기분 좋게 시작하자!"라고 말하며 상쾌하게 일어날 수 있는 상태라면, 수면 시간을 엄격하게 신경 쓰지 않아도 됩니다.

수면 시간을 물으면, "하루에 4시간밖에 못 자요."라고 말하는 환자들도 많습니다.

"아침에 일어났을 때, 기분은 어때요?"라고 다시 물었을 때, "개운하게 일어납니다."라고 대답하는 사람은 수면 시간이 짧아도 숙면감이 있고, 신체의 피로도 풀린 것이므로 수면의 목적은 충분히 달성되었다고 봅니다. 이는 수면 장애가 아니기 때문에 수면제를 먹을 필요가 전혀 없습니다.

반대로, 8시간을 잤는데도 '잠을 잔 것 같지 않다', '더 자고 싶다', '학교 가기 싫다', '출근하기 싫다'와 같은 상태라면 수면으로 피로가 회복되지 않은 것입니다. 수면의 질이나 양(시간)에 문제가 있을 가능성이 높습니다.

"잠은 잘 주무시나요?"라는 질문에 "푹 자고 개운하게 일어납니다."라는 답을 할 수 있으면, 건강한 수면이라고 할 수 있습니다.

⬤ 멜라토닌 분비로 완전 회복
— '편안한 잠'을 부르는 7가지 습관

푹 자고 피로를 해소하려면, 뇌에서 '멜라토닌'이라는 물질이 분비되어야 합니다. '수면 물질' 혹은 '수면 유도 호르몬'으로 불리는 멜라토닌이 분비되면 졸음이 유발되고 숙면을 취할 수 있습니다.

멜라토닌은 항노화 및 항암 효과가 있는 세포 재생 물질입니다. 멜라토닌이 분비되어 숙면을 취하면 질병에 걸리지 않습니다. 건강을 위해 꼭 필요한 물질입니다.

멜라토닌 분비를 촉진하려면 어떻게 해야 할까요? 편안한 잠을 자기 위한 7가지 숙면 습관에 대해 알아봅시다.

★ 습관 1_ 모든 불빛을 차단한 상태에서 잔다

멜라토닌은 빛을 싫어합니다. 우리가 자는 동안 망막으로 들어오는 빛은 멜라토닌 분비를 억제합니다. 따라서 잠자리에 들기 전에 침실의 모든 등을 반드시 끄십시오. 되도록 깜깜한 방에서 자야 멜라토닌의 분비가 촉진됩니다.

★ 습관 2_ 자기 전에 어두운 방에서 휴식을 취한다

멜라토닌 분비는 저녁 무렵부터 증가하기 시작하여, 잠에 빠져들기 전에는 이미 상당히 활성화해 있습니다. 그래서 잠들기 전에 시간을 보내는 방법이 멜라토닌 분비에 영향을 미칩니다.

밝은 방에서 밤 시간을 보내면 안 됩니다. 밤이 되면 조명 밝기를 낮춘 상태, 혹은 간접 조명 아래서 1~2시간을 보내야 멜라토닌 생성이 촉진됩니다.

★ 습관 3_잠들기 전, 블루라이트 노출을 피한다

침실 조명이나 독서등의 색이 중요합니다.

잠들기 전 몇 시간 동안 형광등에 노출되면 멜라토닌 분비가 억제됩니다. 청색광(형광등, 주광색, 블루라이트)은 낮의 태양 빛 파장입니다. 밤인데도 신체가 낮이라고 착각하여 멜라토닌 분비가 억제됩니다.

반면에 적색광(백열등)은 일몰의 '빨간색' 파장이므로 몸은 수면을 준비하기 위해 멜라토닌을 분비합니다. 따라서 침실의 조명은 필히 적색광으로 합니다. 밤 시간을 보내는 거실의 조명도 적색광을 사용하는 것이 좋습니다.

최근 LED 전구를 사용하는 가정이 많습니다. LED 전구의 주광색은 형광등과 같은 파장, 즉 청색광에 해당하므로 '전구색'을 사용하시길 바랍니다.

★ 습관 4_밤늦은 시간까지 밝은 매장에 머물지 않는다

심야에 조명이 밝은 매장이나 음식점 등에서 시간을 보내는 사람들이 많습니다. 예를 들어, 편의점 조명은 보통 형광등인데 800~1,800 Lux로 매우 밝습니다.

잠들기 전 몇 시간 동안은 '형광등에 노출되지 않는다'와 '밝은 방에서 시간을 보내지 않는다'라는 규칙을 동시에 어기고 있으므로 멜라토닌 분비가 강하게 억제됩니다.

★ 습관 5_자기 전 스마트폰, 게임, 컴퓨터를 사용하지 않는다

최근 수면 장애의 주요 원인으로 꼽히는 것이 잠들기 전 스마트폰 사용입니다. 스마트폰 화면의 파장은 블루라이트입니다. 잠자기 전에 스마트폰 화면을 보면 멜라토닌 분비가 억제되어 숙면에 방해가 됩니다. 그래서 '스마트폰 불면증'이라는 신조어도 등장했지요.

이상적으로는 잠자리에 들기 최소 2시간 전에는 스마트폰을 사용하지 않는 것이 좋지만, 현실적으로 지키기가 쉽지 않습니다. 그러니 적어도 자기 전, 한 시간은 스마트폰 화면을 보지 않도록 합시다. 컴퓨터와 TV 화면도 블루라이트입니다. TV, 게임기, 컴퓨터, 이 모든 것이 숙면을 방해하고 수면 장애를 일으키는 원인이 됩니다.

★ 습관 6_낮 동안 세로토닌을 활성화한다

멜라토닌의 원료가 되는 물질이 '세로토닌'입니다. 낮에는 세로토닌이 생산되고 이를 원료로 하여 저녁부터 밤까지는 멜라토닌이 생산됩니다.

따라서 양질의 숙면을 위해, 낮에는 세로토닌을 충분히 분비시켜야 합니다.

세로토닌을 활성화하는 3가지 방법은 '햇빛 노출', '리듬 운동(30분 이하)', '오래 씹기'입니다.

★ 습관 7_아침에 햇볕 쬐기

아침에 일어나서 햇볕에 노출된 지, 15시간 후에 멜라토닌 분비가 시작됩니다. 아침 햇살에 노출된 순간, 멜라토닌 분비 타이머의 스위치가 켜집니다. 이에 더해, 세로토닌을 활성화하기 위해서라도 아침에 햇볕을 쬐는 것이 중요합니다. 아침에 야외에 나가지 않고 집 안에서만 시간을 보내는 사람은 밤에 푹 자기 힘듭니다.

알게 모르게 숙면을 방해하는 습관을 지니고 있는 사람도 많을 것입니다. '숙면을 위한 7가지 습관'을 제대로 지키면, 멜라토닌이 충분히 분비되고 자연스럽게 깊은 잠에 빠지게 되니 꼭 실천해 보시기 바랍니다.

⬤ 하룻밤 자고 나면 괴로움도 리셋된다

'직장에서 큰 실수를 해서 호되게 야단맞았다'

'오래 사귄 애인과 헤어졌다'

마음에 상처를 입거나 충격을 받은 날, 주로 뭘 하시나요? '술을 마신다'는 사람도 많지만, 마음의 상처를 가장 쉽게 치유하는 방법은 바로 '잠'입니다.

실연의 아픔으로 우울해했던 사람이 하룻밤 지나고, 여느 날과 다름없는 표정으로 "그 사람하고 헤어지길 잘했어."라며 담담한 마음으로 바뀌는 경우가 있습니다. 혹은 불같이 화내던 사람이 다음날에는 아무 일도 없었던 것처럼 인사를 건넬 때도 있지요.

이는 확실히 수면의 효과입니다. 그래서 이런 말도 있지요.

"하룻밤 자고 나면 괜찮아져."

수면에는 휴식과 체력 회복 외에 또 다른 놀라운 효과가 있습니다. 기억과 감정의 정리, 즉 리셋입니다.

푹 자고 일어나면, 전날 벌어졌던 일을 객관적으로 볼 수 있게 됩니다. 수면으로 시야 협착이 극복되기 때문에 하룻밤 사이에 괴로운 상황이 전환되는 것입니다.

정신적인 충격을 받았을 때, 이런저런 고민을 하며 오랜 시간 그 생각에 머물러 있으면, 되려 더 우울해질 뿐입니다. 일단 다 내려놓고 잠을 청합시다.

하룻밤이 지나면, 감정이 가라앉고 냉정을 되찾을 수 있습니다. "그렇게 큰일도 아니야."라고 말할 수 있게 됩니다.

잠은 스트레스를 없애는 특효약입니다.

'좋은 잠'이 '좋은 감정'을 만든다

양 1. 최소 7시간 잠을 잔다.

질 2. '숙면'을 중요하게 생각한다.

Point

삶성 리셋을 위해서는 '숙면'이 필수!

리셋 2

적당한 운동을
꾸준히 한다

⬤ **실제 나이보다 10살 이상 어려 보이는**

　'동안 미인'의 비결

　실제 나이보다 10~20년은 어려 보이는 사람을 가리켜 '동안 미모'라고 합니다. 50대인데도 40대 초반이나 30대로 보이기까지 합니다.

　뷰티에 관심 있는 사람이라면, 누구나 '동안 미모'를 동경할 것입니다.

일본에서 안티에이징 전문의로 유명한 우와부 마사시는 '동안 미인' 수십 명을 대상으로 어떤 공통점이 있는지 면밀히 조사했습니다. 그 결과, 그들은 하나같이 탄력 있고 건강한 허벅지 근육을 유지하고 있다는 공통점을 발견했습니다.

허벅지 근육량과 겉보기 나이는 거의 비례합니다. 이는 성장호르몬이 제대로 분비되고 있다는 증거입니다. 허벅지 근육량은 운동량에 비례하므로 꾸준히, 제대로 운동하는 사람은 노화에 굴하지 않고 나이를 역행할 수 있습니다.

🔘 운동하면 나이와 상관없이 성장 호르몬이 나온다

성장기 아이들에게만 성장호르몬이 중요하다고 알고 있는 사람이 많습니다.

그렇지 않습니다. 성장호르몬은 아이들에게도 중요하지만, 성인 특히 중·장년기에 매우 중요합니다.

성장호르몬은 근육을 만들고 뼈를 튼튼하게 하며, 세포 활동을 증진하고 신진대사를 활발하게 합니다. 또한, 지방을 분해하는 기능도 수행하므로 성장호르몬이 분비되는 사람은 젊음을 유지할 수 있습니다.

20세 무렵까지는 가만히 있어도 충분히 분비되던 성장호르몬이 20대 중반이 되면, 최대 분비량의 10분의 1 정도로 줄어듭니다. 나이가 들면서 성장호르몬이 부족해지고, 노화에 취약해지는 것이지요.

성장호르몬을 분비하는 가장 확실한 방법은 바로, '운동'과 '수면'입니다.

유산소 운동을 30분 이상 하면, 성장호르몬이 분비되고 신체 건강이 유지됩니다. '운동 부족'은 각종 질병의 위험 인자이자, 건강을 해치는 주요 원인입니다.

성장호르몬에는 피로 해소 효과도 있기 때문에 제대로 운동해야 피로에서 회복될 수 있습니다. 피로를 리셋하는 물질이 바로 성장호르몬인 것이지요. 성장호르몬은 잠을 자는 동안 가장 많이 분비됩니다.

'하룻밤 사이에 아이가 부쩍 컸다'는 말이 의학적으로도 일리가 있다고 볼 수 있습니다. 수면에 들어간 후 약 70분간의 비렘수면에서 성장호르몬의 분비가 최고조에 달하는 것으로 알려져 있습니다.

비렘수면은 깊이에 따라 4단계로 나뉘는데, 깊은 수면 상태인 3, 4단계에서 성장호르몬이 많이 분비됩니다. 얕은 수면 상태에서는 성장호르몬이 잘 나오지 않습니다. 깊은 수면은 성장호르몬 분비에 중요합니다.

⬤ 운동으로 스트레스에 대항하는 내성을 키운다

운동은 신체뿐만 아니라 정신 건강에도 매우 중요합니다. 저 역시 스트레스로 인해 일이 손에 잡히지 않는 상태가 계속되고, 단 것을 찾으면서 체중이 늘어날 때가 있었습니다. 어쩔 도리가 없는 스트레스에 시달린 것이지요. 이대로는 안 되겠다 싶어서 헬스장을 찾았습니다.

아무 생각 없이 운동에만 전념했더니 거짓말처럼 스트레스가 사라졌습니다. 운동이 최고의 스트레스 발산 방법이라는 사실을 강하게 실감한 순간이었습니다.

'고민이 깊을수록 몸을 움직여라'는 말이 있습니다. 스트레스에 눌려 무기력한 상태일수록 더더욱 몸을 움직여야 합니다.

운동과 스트레스의 관계를 증명하는 실험을 소개해 볼게요. 스트레스 요인에 대한 과학적 연구로 유명한 내분기계 생리학자 한스 셀리에(János Hugo Bruno Hans Selye: 1907.1.26.~1982.10.16.)가 진행한 흥미로운 실험이 있습니다.

10마리의 생쥐에게 '통증', '소음', '충격', '섬광' 등의 스트레스를 반복적으로 가하자, 한 달 이내 모두 죽고 말았습니다. 다음에는 운동을 통해 미리 컨디션을 개선한 같은 종의 생쥐 10마리에게 동일한 스트레스를 가했습니다. 결과는 한 달이 지났음에도 한 마리도 죽지 않았습니다. 이 실험을 통해 '운동'이 스트레스에 대한 내성을 높인다는 사실을 알게 되었습니다.

최근 우울증 치료법으로 운동 요법이 주목받고 있습니다. 듀크대학교에서 우울증에 대한 약물 요법과 운동 요법의 효과를 비교하는 연구를 진행했습니다. 그 결과, 운동 요법이 약물 요법과 비슷한 효과를 발휘하는 것으로 인정되었습니다. 또한, 약물 요법은 재발률이 38%였던 것에 비해, 운동 요법은 재발률이 8%에 불과했습니다.

미국 우울증 치료의 주요 지침으로 사용되고 있는 '미국정신의학회의 우울증 치료 가이드라인'이 2010년 개정되었습니다. 이때, 운동 요법(유산소 운동과 근육 트레이닝)이 우울증 치료 지침에 추가 되었습니다. 운동이 우울증 개선에 효과가 있음을 세계 최고의 학회도 인정한 것이지요.

운동은 세로토닌, 도파민 및 노르아드레날린과 같은 주요 뇌 화학 물질의 방출을 조정합니다. 또한, 운동은 우울증으로 인해 감소하고 있는 BDNF Brain-Derived Neurotrophic Factor(뇌 유래 신경영양 인자)라는 뇌세포 유지 필수 단백질을 증가시킵니다.

운동은 알츠하이머병의 위험을 60%까지 줄입니다. 한 초등학교에서 체육 수업을 늘렸더니, 아동의 학업 능력이 향상되었습니다. 운동의 효과를 뒷받침하는 데이터는 수없이 많습니다. 운동은 뇌를 활성화하고 스트레스에 대한 내성을 높이며, 우울증과 같은 스트레스 상태에서 회복하는 데 도움이 됩니다.

◖◗ 적당한 운동의 기준

그럼, 어떤 운동을 얼마나 하는 것이 좋을까요?

각 분야의 전문가들이 다양한 수치를 발표했으나, 평균적으로 '주 2회 이상, 1회 1시간 이상의 중강도 유산소 운동'이 권장됩니다.

유산소 운동이란, 산소를 흡수하는 운동, 쉽게 말해 숨 쉬면서 하는 운동을 말합니다. 대표적인 유산소 운동으로 걷기, 달리기, 자전거 타기, 수영, 에어로빅 등이 있습니다.

반면, 무산소 운동은 전력 질주하는 단거리 달리기, 근육 트레이닝 등입니다.

중강도란, 기분 좋은 땀이 흐르는 정도의 운동 강도를 말합니다. 운동이 몸에 좋다고 해도 하루에 몇 시간씩 힘든 운동을 할 필요는 없습니다. 1회 1시간 이상의 유산소 운동을 일주일에 몇 번, 수년 동안 지속하는 것이 더 중요합니다.

⬤ 운동은 숙면에 도움이 된다

저는 가압 트레이닝을 주 1회, 격투기 에어로빅을 주 3회, 일본 고무술古武術(거합居合)을 주 1회 하고 있습니다. 운동을 시작한 날부터 놀라운 변화가 나타났습니다. 깊은 잠을 푹 잘 수 있게 된 것입니다. 불면증에 시달리고 있었던 것은 아니지만, 운동을 시작하고 나서 수면이 깊어지고 아침에 일어나면 정말 상쾌해졌습니다. 에어로빅을 한 날은 그날 밤뿐만 아니라, 이후

며칠간 푹 잘 수 있었습니다. '운동이 숙면에 좋다'는 것을 지식으로는 알고 있었지만, 그렇게까지 잠이 깊어지는 것을 몸소 재발견한 셈입니다. 그러나 일이 바빠서 운동을 쉬는 날이 계속되면, 얕은 잠을 자곤 합니다. 운동이 수면의 질을 좌우한다는 사실을 실감합니다.

정신건강의학과에는 수면 장애를 호소하는 환자들이 많이 옵니다. 정신건강의학과에서 가장 흔히 볼 수 있는 증상은 불면증입니다. 그리고 대다수 불면증 환자들에게서 쉽게 찾을 수 있는 공통점은 운동 부족입니다. 특히 노인 불면증의 가장 큰 원인이 운동 부족입니다. 밖에 나가지 않고 주로 실내에서만 생활하며 특별히 하는 운동도 없으면, 피곤하지 않으므로 몸이 긴수면을 요구하지 않습니다. 필요가 없기 때문에 수면 시간이 짧고, 깊은 잠을 자지 못하는 것입니다.

잠들기 힘들거나, 중간에 자주 깨는 등 잠을 깊이 자기 힘들다면, 일주일에 두 번, 1시간 이상 유산소 운동을 실천하시길 바랍니다.

'주 2회, 1시간 이상' 운동하자!

일주일에 2번, 1회 1시간 이상의
유산소 운동으로 몸과 마음 재충전!

Point

기분 좋을 정도의 피로가 좋은 감정을 만든다.

리셋 3 ·

제대로
휴식한다

🔘 잠을 자도 피로가 풀리지 않는 이유

"매일 7시간을 자고 있는데, 늘 피곤하다."

이렇게 말하는 사람들이 있습니다. 이는 운동 부족
외에 또 다른 원인이 있을 수 있습니다. 취침 전 시간
을 보내는 방식이 잘못되었기 때문입니다. 주간 활동
모드는 소위, 흥분 모드입니다.

몸과 마음이 매우 열의에 차 있는 상태로 집에 와서 바로 침대에 누우면 '수면' 준비 상태에 접어들기 힘듭니다. 잠이 들어도 깊은 수면 상태로 들어가지 못하고, 신체도 이완되지 않습니다. 그래서 피로가 풀리지 않는 것입니다. 좋은 잠을 위해서는 좋은 휴식이 필요합니다. 지금부터, 좋은 휴식을 취하는 방법에 대해서 알아봅시다.

밤늦게까지 활동을 이어가다, 집에 와서 씻고 야식을 먹은 후 바로 잠자리에 들면, 피로도가 절정에 이릅니다. 실제로 이는 피로가 풀리지 않는 최악의 휴식 패턴입니다. 내장 기능을 지배하는 두 가지 자율신경이 교감신경과 부교감신경입니다. 상황에 따라 교감신경이 우위가 되거나 부교감신경이 우위가 되는 상태로 변합니다.

교감신경은 '주간 신경'입니다. 하루 중 우리가 주로 활발히 활동하는 주간 시간대에 활성화합니다. 부교감신경은 '야간 신경'입니다. 긴장을 풀고 휴식을 취하여 신체가 이완되도록 돕는 신경입니다.

낮에는 활동 모드를 담당하는 교감신경이 우위인 상태입니다. 반면, 밤에는 휴식 모드를 담당하는 부교감신경이 우위인 상태로 전환됩니다.

한 시간 전까지 열정적으로 활동하고 있었다면, 교감신경이 매우 우세한 상태입니다. 그러다 갑자기 휴식 태세로 전환한다고 해서 곧바로 부교감신경이 우위가 되지는 않습니다. 여러 활동으로 달궈진 몸과 마음을 편안히 식힐 수 있는 2시간 정도의 휴식이 필요합니다.

휴식 시간을 통해 교감신경이 우위인 '열정 모드'에서 부교감신경이 우위인 '냉정 모드'로 전환하지 않으면 숙면을 취할 수 없습니다.

🔘 최강 리셋 부대, 부교감신경

밤에 차를 운전하다 보면, 일부 차선을 폐쇄하고 도로 공사를 하는 장면을 종종 볼 수 있습니다. 낮에는 도로가 엄청난 교통량으로 붐비므로, 파손된 노면을 보수하고 복구하는 작업은 밤에 진행되는 것이지요. 이와 같은 패턴이 몸 안에서도 일어납니다. '야간 복구 부대, 즉 리셋 부대로 활약하는 것이 부교감신경'입니다.

교감신경은 맥박과 체온을 올리고 땀을 흘리는 등 신체를 운동에 적합한 상태인 '활동 모드'로 만듭니다. 반대로, 부교감신경은 맥박과 체온을 낮추고 발한을 억제하는 기능을 담당합니다. 각 장기의 기능을 저하해 신체를 '휴식 모드'로 만드는 것이지요. 부교감신경이 우위가 되면 면역계의 기능이 높아져서 세포 복구가 활발하게 이루어집니다.

교감신경은 몸의 가속기이고 부교감신경은 몸의 감속기입니다. 교감신경이 우위인 상태에서 잠자리에 드는 것은 액셀러레이터를 밟으면서 동시에 브레이크를 밟는 것과 같습니다. 자동차라면 제어할 수 없는 위험한 상태에 빠질 것입니다.

⬤ 밤에 쉬지 않으면 암 발병률이 높아진다!

부교감신경이 우위에 있는 시간을 적절히 만들어 주는 것은 신체 건강에 매우 중요합니다. 인체에는 암세포가 존재합니다. 세포 내 유전 정보 전사 오류와 세포 분열 오류로 인해 건강한 신체에서도 하루에 약 5,000개의 암세포가 탄생한다고 합니다.

그런데도 왜 모든 사람이 암에 걸리는 것은 아닐까요?

이는 암세포 '킬러'가 갓 태어난 암세포를 증식하기 전에 죽이고 있기 때문입니다. 암세포 킬러로 유명한 것이 앞에서도 잠시 언급한 NK세포(자연살해세포)입니다. 부교감신경은 이 NK세포를 활성화합니다. 부교감신경이 우세해지는 야간에는 NK세포도 활성화하면서 신생 암세포를 죽이고 있습니다. '암'이라는 질병은 암세포가 증식해서 커진 상태입니다. 즉, 부교감신경이 활약하지 않으면 암 발병 위험이 높아지는 것입니다.

한창 전성기로 바쁜 시간을 보내고 있던 사람이 갑자기 암에 걸렸다는 이야기를 들어본 적이 있으시죠?

수면 부족, 휴식 시간 부족 등 부교감신경이 제대로 활약하지 못하는 상태가 지속되는 생활 습관이 몸과 마음에 악영향을 미친 주요 원인이라고 생각합니다.

우리 몸과 마음의 '건강'을 유지하기 위해서는 부교감신경이 제대로 일할 수 있는 환경을 조성해야 합니다. 수면 중에 부교감신경이 활약할 수 있을지 여부는 잠들기 전 몇 시간을 어떻게 보내느냐에 달려 있습니다.

대부분의 현대인은 자신도 모르게 부교감신경의 기능을 억제하는 습관을 이어가고 있습니다. 이는 각종 질병을 만드는 생활 습관을 고집하는 것과 같습니다.

● 자기 전에 게임을 하거나
공포 영화를 보면 안 되는 이유

교감신경이 우위에 있으면 맥박이 빨라집니다. 부교감신경이 우위가 되면 맥박이 느려집니다. 즉, 심장이 두근두근하는 상태는 교감신경이 우위인 상태입니다.

잠들기 전에 부교감신경으로 전환한다는 것은 다시 말해, 자기 전에 심장이 두근거리는 일을 하지 않는다는 뜻입니다. 게임, 액션이나 공포 등 자극이 강한 영화, 근육 트레이닝처럼 격렬한 운동은 교감신경을 활성화하므로 금물입니다.

많은 사람이 귀가한 후에는 TV나 영화와 같은 시각계 엔터테인먼트로 여가 시간을 보냅니다. 그러나 자기 직전까지 TV를 보거나 게임을 하는 것은 부교감신경의 기능을 방해합니다. 인간의 뇌는 기능의 50%를 시각 정보를 처리하는 데 소비한다고 합니다. 장시간 TV나 게임 화면을 보는 행위는 뇌의 신경을 흥분시켜서 이완과 정반대 상태로 만듭니다.

우리는 낮에 컴퓨터 화면을 마주하고, 자료를 읽고, 글을 쓰는 등 '시각'을 사용한 작업을 주로 수행합니다. 집에 돌아와서도 게임과 TV의 시각적 자극으로 계속 흥분상태를 이어가면, 뇌는 지칠 수밖에 없습니다. 머리를 식히겠다고 하는 게임과 동영상 시청은 전혀 휴식이 아닙니다.

● 부교감신경을 활성화하는 건강 습관 5가지

지금까지 부교감신경의 작용을 방해하는 습관에 대해 말씀드렸습니다. 그럼, 부교감신경을 우위에 올리는 방법은 무엇일까요? 간단하게 실천할 수 있는 5가지 방법을 소개하겠습니다.

★ 1. 목욕

따뜻한 물에 몸을 담그면 '아, 편안하다'라며 치유되는 기분이 듭니다. 목욕으로 하루의 피로가 풀리는 효과가 있기 때문이지요. 근육 이완 효과(근육을 풀어주는 작용)도 있어서 수면 중에 근육 회복도 촉진됩니다.

목욕은 피로 해소와 스트레스 발산에 효과적이지만, 물의 온도가 중요합니다. 부교감신경이 우위가 되는 온도가 있습니다. 40℃를 넘으면 교감신경이 우세해지고, 40℃ 미만이면 부교감신경이 우세해집니다.

뜨거운 물에 몸을 푹 담그는 것을 좋아한다면, 적어도 잠자리에 들기 2시간 전에는 목욕을 끝냅시다.

★ 2. 가벼운 스트레칭

근육이 이완되면 부교감신경이 우위가 됩니다. 요가처럼 움직임이 적은 체조도 좋습니다. 윗몸일으키기 50회와 같은 강도 높은 근육 트레이닝이나 달리기처럼 심장이 두근거리고 숨이 가빠지는 운동을 하면, 교감신경이 우세해지므로 자기 직전에는 피해야 합니다.

★ 3. 느긋한 휴식

부교감신경이 우위에 있으면, '편안', '여유', '진정', '침착', '평온', '치유', '고요'와 같은 느긋하고 차분한 기분이 느껴집니다.

교감신경이 우위에 있으면, '분노', '불안', '공포', '흥분', '짜증', '예민', '초조'와 같은 두근두근하고 민감한 기분이 느껴집니다.

집에서 소파에 누워 느긋한 자세로 몸을 쉬게 하면, 부교감신경이 우위가 될까요? 꼭 그렇지는 않습니다. 만약, 머릿속에서는 '일을 똑바로 지시했으면 두 번세 번 하지 않아도 되잖아!'라며 분노로 부글부글

끓어오르고 있거나, '내일 만나서 뭐라고 말하지?'라며 걱정과 불안에 싸여 있으면 교감신경이 우위인 상태입니다.

몸과 마음을 모두 이완해야 합니다. 귀가와 동시에 일과 관련된 생각을 멈추는 것이 중요합니다. 자연치유력을 충분히 끌어내면, 피로와 스트레스가 리셋되고, 다음 날 아침에는 에너지를 100% 충전한 상태로 출근할 수 있습니다. 자연치유력이 발현되지 않으면, 아침부터 '피곤 모드'인 채로 출근해야 합니다. 물론, 그런 상태에서는 업무 능률을 올리기 어렵습니다.

어떤 사람들은 직장에서 끝내지 못한 일을 집에 가져가곤 하는데, 이것은 나쁜 습관입니다. 집은 휴식의 장소여야 합니다. 몸과 마음이 '업무 모드'에 머물러 있으면, 부교감신경이 활성화하지 못합니다.

쉬어야 할 때는 쉬어야 합니다. 집에 도착하면 몸과 마음의 휴식이 우선임을 의식하십시오. 그래야 회복이 가속화되고 다음 날 업무 효율이 높아집니다.

★ 4. 심호흡, 복식호흡

"막차 시간까지 야근하는데, 느긋한 목욕이라니, 잠 잘 시간도 부족해!"라고 말하고 싶은 사람도 있을 것입니다. 이런 분들을 위해 순간적으로 부교감신경을 우위로 만드는 방법이 있습니다.

앞서, 분노를 통제하는 방법에서도 소개했던 심호흡(복식 호흡)입니다. 집에 오자마자 쓰러져 잘 정도로 무리한 날에는 잠에 빠져들기 전, 딱 3분만 천천히 심호흡합시다. 심호흡을 통해 부교감신경이 우위로 기울면서 작업 모드, 활동 모드였던 몸과 마음이 진정됩니다.

일도 중요하지만, 그 중요한 일도 건강해야 할 수 있습니다. 되도록 잠들기 전 2시간 동안은 느긋하고 여유롭게 휴식하는 시간을 확보해 주셨으면 합니다.

★ 5. 3줄 긍정 일기 쓰기

하루를 어떻게 마무리하는지가 중요합니다. 잠들기 전 15분은 '기억의 골든타임'입니다. 하루 중 가장 기억에 남는 시간이기 때문입니다. 따라서 '오늘 하루가 너무 고단했어', '오늘 기분이 너무 나빴어', '내가 왜 그랬을까?'와 같은 분노와 후회의 부정적인 생각을 안고 잠이 들면, 수면으로 인한 감정 리셋이 불가능합니다. 그리고 다음 날, 아침에 눈을 떴을 때도 어제의 부정적인 기억이 생생하게 되살아납니다.

잠자리에 들기 전에 불안, 걱정 또는 부정적인 사건에 대해 생각하는 것은 매우 나쁜 습관입니다. 그래서 제가 추천하는 것은 오늘의 좋았던 일을 쓰는 '3줄 긍정일기'입니다. 하루를 마치고 잠자리에 들기 전에 오늘 있었던 긍정적인 일, 세 가지를 적는 것이 과제입니다.

구체적인 방법은 앞에서 자세히 말씀드렸죠? 이제 실천하고 효과를 경험하는 일이 남았습니다. 3줄 긍정일기를 쓰면, 그날의 긍정적인 기억을 강화하고 행복한 기분으로 잠들 수 있을 것입니다.

리셋 4

술과
스트레스의
관계

⬤⬤ **술은 스트레스 발산에 역효과를 낸다**

많은 사람이 스트레스 해소 방법으로 술을 떠올립니
다. 그러나 술은 스트레스 해소는커녕, 오히려 스트레
스를 가중할 위험이 큽니다.

마지막으로 그 위험에 관해 이야기해 보겠습니다.

'하루 한 잔 술은 보약이다', '술은 스트레스 발산에
도움이 된다', '술을 마시면 잠이 잘 온다'는 말도 있지만,

완전히 옳다고 단언할 수 없습니다. 오히려 술과의 잘못된 만남으로 인해 스트레스가 강화되고 더 괴로운 상태에 빠지는 사람이 많습니다.

물론, 일부 사람들은 술과 좋은 관계를 맺고 있습니다. 하지만 육체적, 정신적 건강을 위해 술을 유용하게 활용할 줄 아는 사람은 그다지 많지 않습니다.

고통을 키우지 않고, 건강하고 즐겁게 술을 마시는 방법에 관해 알아봅시다.

과도한 알코올 섭취가 스트레스 회로라고 불리는 HPA 축 Hypothalamus Pituitary Adrenal axis (시상하부 뇌하수체 부신)을 교란한다는 것이 실험을 통해 입증되었습니다. 음주는 스트레스 호르몬인 코르티솔의 분비를 증가시킵니다. 게다가 매일 술을 마시면, 스트레스에 대한 내성이 약해지고, 약간의 스트레스에도 쉽게 우울감을 느끼게 됩니다.

술이 스트레스 발산에 도움이 되는 것은 어디까지나 '적당량'의 범위 내에서만 가능합니다.

● 술은 불면증과 우울증을 악화시킨다

영국의 의학자 마이클 마멋Michael Gideon Marmot(1945,2,26,~) 박사는 10년에 걸쳐 알코올 소비량과 사망률의 관계를 연구했습니다. 그에 따르면, 적당량의 술을 마시는 사람은 술을 전혀 마시지 않거나, 많이 마시는 사람에 비해 장수하는 것으로 나타났습니다.

적당한 알코올 섭취는 심장병과 같은 순환기계 질환의 발병을 억제한다고 합니다. 여기서 말하는 적정 음주량은 사케 1홉, 맥주 500ml 1캔, 와인 200ml 1잔 정도입니다. 애주가에게는 부족한 정도가 '적정량'입니다.

적당한 음주는 건강에 도움이 된다고도 하지만, 매일 마시는 것은 권장되지 않습니다. 매일 술을 마시다 보면, 한 번에 마시는 양이 점차 늘어나고 적정량을 초과하기 마련입니다. 최소 주 2회 이상의 '금주'가 필요합니다. 의사로서의 제 경험상, 꾸준히 치료받고 있음에도 우울증 증세가 호전되지 않는 환자 중에는 거의 매일 술을 마시는 습관이 있는 경우가 상당히 많습니다.

알코올이 우울증을 악화시킨다는 것을 증명하는 수많은 데이터가 있습니다. 술을 계속 마시는 한, 우울증은 낫지 않는다고 생각하는 편이 좋습니다.

또한, 불면증 환자들 역시, '운동 부족'이나 '음주' 중 하나가 원인이 되는 경우도 많습니다. 특히, '술을 마시면 잠이 잘 온다'는 잘못된 지식 때문에, 잠을 자기 위해 술을 마시는 사람이 많습니다.

술은 수면에 들어가는 시간을 단축할 뿐만 아니라, 수면 지속 시간 역시 단축합니다. 즉, 연속적으로 잠을 잘 수 없게 되는 것입니다. 술 마신 다음 날, 이른 새벽에 잠이 깬 경험이 있지 않으신가요? 이는 술이 수면 지속 시간을 단축하기 때문입니다.

취침 전 음주는 불면증의 원인이 됩니다. 일본 후생노동성의 대규모 조사에 따르면, 주 1회 이상 취침 전 음주를 하는 사람일수록 불면증을 호소하는 경향이 강했다고 합니다. 또한, 취침 전 음주 습관을 지닌 남성 중, 야간이나 새벽에 중도 각성을 호소하는 사람이 절반 이상에 이르는 것으로 나타났습니다.

술은 수면의 질을 떨어뜨리는 것으로도 알려져 있습니다. '잠이 안 오면 절대 술은 마시지 않는다'를 새로운 상식으로 인지해 주십시오.

술은 스트레스가 쌓이지 않도록 일상의 어려움을 발산하고 완화하는 데 활용해야 한다고 생각합니다. 술을 스트레스 해소 목적이 아닌 예방 차원으로 이용하는 것이지요. 술자리에서는 솔직한 이야기를 나눌 수도 있기 때문에, 마음속 고민을 상담하거나 친목을 다질 수 있습니다. 동료애에서 오는 치유의 효과도 기대할 수 있지요. 이렇게 술은 소통의 윤활유 정도로만 활용했으면 좋겠습니다.

'술은 즐기기 위해 마신다, 깊은 대화를 나누는 자리에서 적당히 곁들인다, 절대 술에 먹히지 않는다!'

스트레스가 쌓인 상태에서는 술을 마시러 가기보다 빨리 집에 가서 자는 것이 스트레스 발산에 훨씬 더 효과적입니다.

즐거운 술 vs 괴로운 술

즐거운 술

1. 친한 동료, 친구와 마신다.
2. 깊이 있는 대화를 나눈다(소통의 윤활유).
3. 재미있고, 긍정적인 화제로 즐겁다.
4. 즐거운 이유로 마신다(축하, 보상).

괴로운 술

1. 자기 위해 마신다, 자기 전에 마신다.
2. 혼자 마신다(술로 도망친다).
3. 푸념과 험담을 화제로 마신다.
4. 매일 마신다.
5. 같은 이유로 반복해서 마신다(스트레스 해소가 아님).
6. 과음(숙취가 생길 만큼 마신다)
7. 문제 음주(음주 후 기억 장애, 폭력, 민폐)

끝까지 읽어주셔서 감사합니다. 이 책을 다 읽으셨 다면 이런 생각이 드실 수 있습니다.

'이렇게 쉽게 괴로움이 즐거움으로 바뀔 수 있어?' 답은 'YES'입니다. 이 책에서 제시하는 방법들은 심리 학, 정신의학, 뇌과학 등의 과학적 연구를 기반으로 하 고 있기 때문에 모두 재현성이 높습니다. 제대로 실행 한다면 반드시 좋은 결과가 있을 것입니다.

처음에는 의식적으로 해야 하지만, 반복하다 보면 자 신도 모르는 사이에 서서히 습관으로 자리 잡습니다. '괴롭다, 힘들다, 불안하다'는 감정을 '즐겁다, 흥미롭 다, 설렌다'는 감정으로 리셋하는 사고방식과 행동을 무의식적으로 할 수 있게 되고, 일상의 토대가 달라집 니다. '괴로운' 일이 줄어들고, '즐거운' 일이 점점 늘 어나기 때문에 하루하루가 즐거워집니다.

괴로운 마음이 즐거운 마음으로 바뀌면, 삶의 고통 과 버거움의 무게를 줄일 수 있습니다.

전 세계를 휩쓴 감염증과 자연재해 등으로 '고통'을 느끼는 사람들이 현저하게 늘어나고 있습니다. 사랑하는 가족을 떠나보내거나 지금까지 일궈온 터전을 잃은 사람은 물론이고, 매출이 대폭 줄어들어 경영난에 빠진 기업과 소상공인도 적지 않습니다.

TV와 신문은 불확실한 미래에 대한 불안, 정치 불신, 이상 기후로 인한 자연재해 및 에너지 문제에 대한 우울한 뉴스로 가득 차 있습니다.

하지만 고통은 시련입니다.

고통에 압도될 것인가,

고통을 에너지로 바꾸고 한 발 성장하여 더 나은 미래를

만들어 나갈 것인가.

우리 하나하나의 마음가짐과 사고방식을 조금만 바꿔도 '희망'이 보입니다. 그 방법을 이 책에 담고자 했습니다.

이 책은 행복해지는 방법, 용기와 활력을 되찾는 방법을 이야기하고 있습니다.

'힘들다'를 '즐겁다'로 바꿔서 스트레스를 줄여봅시다. 그러면 몸과 마음의 평화와 건강을 누릴 수 있습니다. 이 시대를 살아가는 우리에게 행복은 그 무엇과도 바꿀 수 없는 궁극의 가치입니다. 그리고 살아가는 동안 가장 중요하게 여겨야 할 자산은 '건강'입니다. 잃기 전까지는 건강의 소중함을 깨닫기 어렵지만, 건강을 해치면 좋아하는 일도 할 수 없고 가족을 보호할 수도 없습니다.

여러분이 이 책을 통해, 건강하고 행복한 삶을 진정으로 누릴 수 있게 된다면, 정신건강의학과 전문의인 저자로서 더할 나위 없이 기쁠 것입니다.

감정을 리셋하면 새로운 삶을 시작할 수 있습니다!

가바사와 시온

참고문헌

· 『脳を最適化すれば能力は2倍になる』（樺沢紫苑著, 文響社）

· 『めざせ100歳―いつも健康で長生きする31の秘訣』

　　（デービッド・マホーニー, ウィリアム・サファイア, リチャード・レスタック 著, サンブックス）

· 『脳の力を100%活用するブレイン・ルール』（ジョン・メディナ 著, NHK出版）

· 『ストレスに負けない脳　心と体を癒すしくみを探る』

　　　　　　　　　　　（ブルース・マキューアン, エリザベス・ノートン・ラズリー 著, 早川書房）

· 『脳を活かす勉強法 奇跡の「強化学習」』（茂木健一郎著, PHP研究所）

· 『脳を活かす仕事術「わかる」を「できる」に変える』（茂木健一郎 著, PHP研究所）

· 『今すぐあなたを変える！　ビジネス脳を鍛える8つの行動習慣』（田中和秀著, 三和書籍）

· 『共感する脳』（有田秀穂著, PHP研究所）

· 『脳からストレスを消す技術』（有田秀穂著, サンマーク出版）

· 『快楽物質　エンドルフィン』（ジョエル・デイビス著, 青土社）

· 『エンドルフィン　脳がつくるアヘン』（C・F・レヴィンソール 著, 地人書館）

· 『Ten Professional Development Benefits of Volunteering(Everything I Learned in Life I Learned

　through Volunteering)』（Mary V.Merrill, LSW, Merrill Associates）

· 『睡眠ホルモン　脳内メラトニン・トレーニング――よく眠れない人のための本』

　　　　　　　　　　　　　　　　　　　　　　　　　　　　　（有田秀穂著, かんき出版）

· 『驚異のメラトニン』

　　　　　　　　　（ウォルター・ピエルパオリ, キャロル・コールマン, ウィリアム・リーゲルソン 著,

　　　　　　　　　　　　　　　　　　　　　　　チャーチルリビングストーンジャパン）

· 『奇跡のホルモン メラトニン』（ラッセル・J・ライター, ジョー・ロビンソン 著, 講談社）

· 『脳を鍛えるには運動しかない！』（ジョン・J・レイティ, エリック・ヘイガーマン 著, NHK出版）

· 『なぜ、「これ」は健康にいいのか？　副交感神経が人生の質を決める』

　　　　　　　　　　　　　　　　　　　　　　　　　　　　　（小林弘幸著, サンマーク出版）

KURUSHII GA TANOSHII NI KAWARU HON
© Zion Kabasawa 2011
Korean translation rights arranged with ASA Publishing Co., Ltd
through Japan UNI Agency, Inc., Tokyo and BC Agency, Seoul

부정적 감정의 파도에 휩쓸리지 않고,
주도적 인생 스토리를 그리는 기술!

감정 리셋

초판 1쇄 발행 · 2023년 8월 31일

지은이 · 가바사와 시온
일러스트 · 오노 후미아키(오노 디자인 사무소)
옮긴이 · 서희경
펴낸이 · 곽동현
디자인 · 정계수
펴낸곳 · 소보랩

출판등록 · 1998년 1월 20일 제2002-23호
주소 · 서울시 동작구 동작대로 1길 27 5층
전화번호 · (02)587-2966
팩스 · (02)587-2922
메일 · labsobo@gmail.com

ISBN 979-11-391-2020-2 13190